औपनिवेशिक मानसिकता के बेड़ियों से मुक्त होकर राम राज्य की स्थापना!

मिनाक्षी जैन

BlueRose ONE.com
Stories Matter
NewDelhi • London

BLUEROSE PUBLISHERS
India | U.K.

For permissions requests or inquiries regarding this publication, please contact:

BLUEROSE PUBLISHERS
www.BlueRoseONE.com
info@bluerosepublishers.com
+91 8882 898 898
+4407342408967

ISBN: 978-93-7139-335-5

Cover design: Yash Singhal

First Edition: July 2025

मेरी कविताओं के माध्यम से भारतीय समाज की औपनिवेशिक बेड़ियों को तोड़ने और राम राज्य की स्थापना के लिए दिशा खोजने का एक प्रयास

गायत्री मंत्र प्रार्थना

ॐ भूर्भुवः स्वः ।

तत्सवितुर्वरेण्यं भर्गो देवस्यः धीमहि ।

धियो यो नः प्रचोदयात् ।

प्रेरणा सोत्र

जीवन, प्रकृति, रामायण, महाभारत, भारतीय संस्कृति

पावती

मैं उन सभी लोगों के प्रति अपना आभार व्यक्त करना चाहती हूं जिन्होंने विचारों को पुस्तक के रूप में आकार देने में मेरा समर्थन किया और मदद की। मैं सबसे पहले ब्लू रोज़ पब्लिशर के पूरे स्टाफ को धन्यवाद देना चाहती हूं। मैं भारत के संबंध में विभिन्न विषयों पर मेरी समझ को गहरा करने के लिए, विशेष रूप से भारतीय कहानी को साझा करने के लिए, सोशल मीडिया-विशेष रूप से करोलिना गोस्वामी, प्रवीण मोहन, नीरज अत्री, विओन और वैंटेज की पालकी शर्मा के यूट्यूब वीडियो को भी धन्यवाद देना चाहती हूँ।

मैं अपने सभी छात्रों को उनके जिज्ञासु प्रश्नों के लिए भी धन्यवाद देना चाहती हूं, जिन्होंने मुझे स्वयं खोज मोड में पहुंचाया, मैं अपने स्कूल सेंट एंथोनी हौजखास -नई दिल्ली, मेरी कक्षा शिक्षक डॉ. ज्योति हिरानी, मेरी स्नातक और मास्टर कॉलेज गार्गी, जे.एन.यू और लीडेन यूनिवर्सिटी (एनएल) कि भी आभारी हूं जिन्होंने मेरे व्यक्तित्व को बनाया और उसे आकार दिया।

मैं इस अवसर पर द ब्रिटिश स्कूल (एनएल), हॉफस्टेड लिसेयुम कॉलेज (एनएल), जेनेसिस ग्लोबल (नोएडा), कोठारी इंटरनेशनल (नोएडा) और लोटस वैली इंटरनेशनल (नोएडा) जैसे स्कूलों के प्रति अपना आभार व्यक्त करना चाहती हूं, जिन्होंने मेरे शिक्षण योग्यता को आकार दिया है। विशेष रूप से लोटस वैली इंटरनेशनल की प्रकाशन टीम को मेरे रचनात्मक लेखन कौशल को साकार करने में मदद करने और 'फाउंटेन हेड' में मेरे लेखन को प्रकाशित करने के लिए धन्यवाद।

मेरे जीवन के विभिन्न चरणों में मुझे भावनात्मक समर्थन प्रदान करने के लिए अपने दोस्तों को भी धन्यवाद देना चाहूंगी- अंजू गुप्ता और

फराह फारूकी (स्कूल), गायत्री, सोमा और प्रियंका (गार्गी कॉलेज), गूसजै- रॉयल, जया-फ्रेंस, चित्रा-सुधीर, प्रीति-संतोष, शोभा श्रीनिवास, किरण- संतोष, विजया- सुधाकर, दीप्ति-मूर्ति, श्रुति-पुनीत, फ्रीमा-शिबू, जया- फ्रांस, हरिता- मारुति (एनएल), चेतना मैम, रचना चाहर मैम, रीना मैम और सपना मैम- और मेरे अन्य सखा और साथी जो मुझे जीवन के अलग अलग पड़ाव पर मिले, जिन्होंने मेरे व्यक्तित्व का सुंगधित किया, निखारा, उन सभी को नाम ले पाना मुश्किल हैं पर उनके बुदबुदाते चहरे मेरे दिल कि गहराई में खिलखिलाहट कि तरह शामिल हैं।

अंत में, मैं अपने परिवार, अपनी मां डॉ. अलका जैन और डॉक्टर नीलीमा जैन, जो मेरी आदर्श और शक्ति का निरंतर स्तंभ रही हैं, मेरे पिता श्री विजय कुमार जैन, मेरी बहन डॉ. मनीषा जैन को उनके वाद-विवाद सत्रों के साथ, मुझे हमेशा उत्साहित रखने के लिए धन्यवाद देना चाहती हूं। मेरे भाई वरुण जैन, मैं अपनी सास मिथलेश जैन,ससुराल वाले- निधि- विवेक जैन, मोनिका- सचिन जैन, अंजू -आशु जैन का भी आभार, और मेरे पति श्री नितिन किशोर के प्रति भी उनके निरंतर सहयोग के लिए आभार व्यक्त करना चाहूंगी - विशेष रूप से मुझे यूरोप से लेकर अमेरिका, अफ्रीका, मध्य पूर्व और पूर्व एशिया यहां तक कि दुनिया के विभिन्न हिस्सों को देखने में मदद करने के लिए। यह दुनिया की खिड़की वास्तव में मेरे लिए अंतर्दृष्टिपूर्ण थी और जिस दुनिया में हम रहते हैं उसे परिप्रेक्ष्य का एक स्पेक्ट्रम प्रदान करने में मुझे बहुत मदद मिली।

मैं यह पुस्तक अपने खूबसूरत बच्चों अरिहंत जैन और आदित्य जैन, विश्व के भावी नागरिक और मेरी मातृभूमि भारत को समर्पित करती हूं। भारत माता की जय!

अस्वीकरण

मैं यह घोषणा करना चाहती हूं कि इस पुस्तक 'कविताओं का संग्रह' और उनकी व्याख्या पूरी तरह से मेरी राय है, और समाज की मेरी धारणा है। जो कोई व्यक्ति मेरी पुस्तक से अलग राय/धारणा रखना चाहता है, वह इसके लिए स्वत्रन्त्र है।

मैं इस पुस्तक को अपने जीवन के विविध अनुभवों और भारत और दुनिया भर में अपनी यात्रा के आधार पर सांझा कर रही हूँ। मैं एक जिज्ञासु व्यक्ति हूँ, इसलिए मैंने हर गलत प्रथाओं पर सवाल उठाया और उन रीतीयो को रिवाज़ के रूप में स्वीकार करने से इनकार कर दिया, अगर इसका कोई बुनियादी वैज्ञानिक आधार नहीं था। 'उल्टी गंगा बहाओगे क्या? ऐसा ही होता आ रहा है, और ऐसा ही होगा, अगर तुम्हें गलत लगता है तो भी" !!! ऐसा कहकर मुझपर गलत ही स्वीकार करने का दवाब बनाया गया।

जिन लोगों ने इन गलत प्रथाओं को शुरू किया है वे सभी प्रकृति के खिलाफ हैं, मानवता के खिलाफ हैं और इस खूबसूरत दुनिया के खिलाफ हैं, वे अपने लालच और अहंकार के कारण अपने ही लोगों को बेवकूफ बनाकर, चालाकी से और डराकर- धमकाकर सब कुछ नष्ट करने पर तुले हुए हैं।

मैं एक कट्टर जैन शाकाहारी परिवार में पैदा हुई, और बड़े होने के दौरान हम सभी 'दक्षलक्षन पर्व' के दौरान उपवास करते थे, मेरे बड़े होने के दौरान मैं अपने माता-पिता से विशेष रूप से अपनी मां से भोजन प्रतिबंधों के बारे में सवाल करती थी । हालाँकि मैं पूरी तरह से शाकाहारी भोजन में विश्वास करती हूँ, मैंने प्याज और लहसुन नहीं

खाने पर सवाल उठाया, लेकिन वास्तव में कभी भी संतोषजनक उत्तर नहीं मिला। मैंने धर्म की भेदभावपूर्ण प्रथाओं पर भी सवाल उठाया, विशेष रूप से 'महिलाओं' के खिलाफ जो जैनियों के धार्मिक ग्रंथ 'जिनवाणी' में लिखी गई हैं। मैंने यह भी प्रश्न किया कि 'महावीर स्वामी ' जैन के चौबीसवें तीर्थंकर ने अपनी पत्नी को क्यों छोड़ दिया, जबकि उन्हें तपस्वी बनना ही था? यदि वह वास्तव में एक तपस्वी का जीवन चुनना चाहता थे, तो उन्होंने अपनी पत्नी से शादी करने और उन्हे न छोड़ने का वादा करने से पहले यह तय क्यों नहीं किया? क्या इस रवैये ने जैन अनुयायियों के बीच मिसाल कायम नहीं की, कि अपनी 'अर्धांगनी' को विवाह करने के बाद बीच रस्ते में छोड़ सन्यासी बनने कि दीक्षा ले लेना ठीक है क्या? अपने शब्दों और वादों से मुकर जाना ठीक है क्या ? मैं अठारह या इक्कीस वर्ष से कम उम्र के छोटे बच्चों के संसार को त्यागने और तपस्वी बनने के दीक्षा समारोह पर भी सवाल उठाती हूं। हमारी प्राचीन सनातन संस्कृति के अनुसार- जन्म से लेकर मृत्यु तक चार मूल 'आश्रम' का पालन करना पड़ता है- 1) ब्रह्मचर्य, 2) गृहस्थ, 3) वानप्रस्थ और 4) सन्यास। मोक्ष प्राप्त करने में सक्षम होने के लिए सभी आश्रमों का पूर्णतः जीना अनिवार्य है। इस धरती माता में जन्म लेने वाले प्रत्येक व्यक्ति को इन आश्रमों में रहते हुए कुछ कर्तव्यों को पूरा करना होता है ताकि माँ प्रकृति को बनाए रखा जा सके, साथ ही साथ जन्म और मृत्यु के चक्र से 'मोक्ष' प्राप्त करने में सक्षम हो सके। प्राचीन काल से ही भारतीय संस्कृति भौतिक न होकर आध्यात्मिक रही है। मानव जीवन को सुखपूर्वक व्यतीत करने तथा परम लक्ष्य को प्राप्त करने के लिए चार पुरुषार्थ - धर्म, अर्थ, काम और मोक्ष की आवश्यकता होती है। अर्थ और काम जीवन का अंतिम लक्ष्य नहीं होना चाहिए, स्वार्थी नहीं होना चाहिए, इसलिए धर्म सबसे जुड़ा हुआ है। "पुरुषार्थ" उस सार्थक जीवन-शक्ति का प्रतीक है, जो सांसारिक सुखों के बीच रहने वाले व्यक्ति को अपने धर्म का पालन करके ईश्वर या मोक्ष प्राप्त करने के लिए मार्गदर्शन करता है। इसलिए ज़रूरी है कि हम चारो आश्रमों का पूर्णतः पालन करे, किसी भी कड़ी को बीच

में छोड़े बिना हर कड़ी को / आश्रम को पूर्णतः जीने से जीवन के गहरे रहस्य समझने में सहायक होते हे |

मैं दीक्षा समारोह के दौरान धन-संपत्ति की नुमाइश और भव्य विवाह समारोह के लिए संसाधनों की अत्यधिक बर्बादी पर भी सवाल उठाना चाहती हुँ । यह सब "धर्म" के वास्तविक अर्थ और जीवन-मृत्यु की मूल अवधारणा के बारे में अज्ञानता के कारण है। "पुरुषार्थ" उस सार्थक जीवन-शक्ति का संकेत है, जो सांसारिक सुखों के बीच रहने वाले व्यक्ति को उसके धर्म का पालन करके ईश्वर या मोक्ष प्राप्त करने के लिए मार्गदर्शन करता है।"

एक और प्रश्न जो मेरे मन में बार-बार आता है- क्या जैन धर्म सनातन से अलग है ?

हममें से बहुत से लोगों के समान प्रश्न होंगे और कुछ लोग इसके स्पष्ट उत्तर भी जानते होंगे, पर कई बार हम इन्हें स्वीकार नहीं करते हैं या गलत प्रथाओं पर सवाल नहीं उठाते हैं, क्योंकि हमारे मस्तिष्क को अंग्रेज़ी मैकाले एजुकेशन के माध्यम से प्रशिक्षित और ब्रेनवॉश किया गया । अंग्रेज़ी शिक्षा पद्दति ने हमारे दिमाग के व्यावहारिक अनुप्रयोग के बजाय केवल पाठ्य पुस्तकों से रटना सिखाया। उपनिवेशवादियों द्वारा वर्षों की पराधीनता और दासता के करण, वर्षों में हमारा मन विदेशी आकाओं के निर्देशों के अनुकूल हो गया, और हमारी आंतरिक आत्मा से अलग हो गया। हमलावरों द्वारा निरंतर पराधीनता और गुलामी, उनके द्वारा हमारे प्राचीन ग्रंथों जैसे 'वेद, पुराण, उपनिषद' को जलाना और नष्ट करना और धर्मनिरपेक्षता के नाम पर जबरदस्ती 'महाभारत और रामायण' को स्कूलों तथा घर-घर से हटाना कि वजह से हमारी 'सबसे प्राचीन और सभ्य देश' की आत्मा को निर्दयी तरीके से मारने में सफल हो गए। पीढ़ी-दर-पीढ़ी हमारे दिमाग में रटे-रटाए सीखने के इस दृष्टिकोण के कारण, आज, हम उन झुंडों का एक समूह बन गए हैं जो आँख बंद करके गुरु का अनुसरण करते हैं, बिना बुनियादी सवाल पूछे - किसी विशेष अनुष्ठान के पीछे का कारण क्या

है? इसकी प्रासंगिकता क्या है? यदि मैं एक निश्चित अनुष्ठान का पालन करने से इंकार कर दूं तो क्या होगा? इसके बजाय, हम बस एक निश्चित तथाकथित 'गुरु' का अनुसरण करते हैं यह तथाकथित 'गुरु' 'भगवत गीता या रामायण या किसी अन्य प्राचीन पाठ में से एक या दो श्लोक सुना कर लोगो को आकर्षित करने में कामयाब हो जाते है, पर इन प्राचीन ग्रंथो को पूरी तरह से पढ़े बिना, या इन प्राचीन पाठों के वास्तविक गहरे अर्थ को या तो समझते नहीं है या समझना नहीं चाहते है। यदपि कुछ अन्य लोग अपने शिष्यों को इन ग्रंथो की विकृत या गलत जानकारी देते हैं। गलत सूचना का प्रसार इसलिए होता है क्योंकि लोग स्वयं मूल पाठ को पढ़ने का प्रयास नहीं करना चाहते हैं या अपनी छोटी भौतिकवादी दुनिया में बहुत व्यस्त हैं और धन का प्रदर्शन करके मंदिरों में जाकर 'धर्मात्मा' या सबसे बड़ी आत्मा होने का दिखावा करते हैं।

हज़ारों वर्षों तक उपनिवेशवादियों द्वारा गुलामी और पराधीनता के कारण हमारा मन विदेशी आकाओं के निर्देशों के अनुसार ढल गया और हम अपनी अंतरात्मा से विमुख हो गए। हमलावरों द्वारा निरंतर पराधीनता और गुलामी, हमारे प्राचीन ग्रंथों जैसे वेद, पुराण, उपनिषद को जलाना और नष्ट करना, धर्मनिरपेक्षता के नाम पर स्कूल/पाठशाला के पाठ्य और हर घर से महाभारत और रामायण को जबरन हटाना, उपनिवेशवादियों ने 'सबसे प्राचीन और सभ्य देश' की आत्मा को मारने में सफलता प्राप्त की।

मेरे पिता एक कट्टर रूढ़िवादी और माँ एक उदारवादी हैं, मेरा मानना है कि जैन धर्म और सिख धर्म को अंग्रेजों की पाठ्यपुस्तक और रटने की शिक्षा पद्धति के माध्यम से हिंदू धर्म से अलग धर्म के रूप में प्रचारित किया गया था जो स्वतंत्रता के बाद भी जारी रहा। हालाँकि, जैन धर्म और सिख धर्म दोनों ही हिंदू धर्म को सुधारने और उसकी रक्षा करने के महान उद्देश्य से अस्तित्व में आए थे। मुगल और ब्रिटिश साम्राज्य के दौरान, हिंदुओं पर बहुत सारे अत्याचार और गलत सूचना के प्रसार के कारण कई अनावश्यक और अवैज्ञानिक अनुष्ठान प्रचलन

में आ गए । अंग्रेजी शिक्षा की आड़ में रामायण और महाभारत तथा उपनिषदों के प्राचीन ग्रंथों को स्कूल और कॉलेजों से हटा दिया गया, जिससे अठारवीं से बीसवीं सदी के दौरान समाज में भ्रम की स्थिति पैदा हुई और समाज विभिन्न संप्रदायों और धर्मों में बंट गया। हिंदू धर्म की रक्षा और सुधार के लिए लोकप्रिय हुए जैन और सिख धर्म सत्ता के भूखे राजनीतिक नेतृत्व के कारण एक अलग संप्रदाय में बदल गया, जिसने जाति और धार्मिक पहचान को अलग करने के लिए विभाजन रेखाओं का फायदा उठाया और स्वार्थी लाभ के लिए पंथ विचारधारा में बदल गया- इसी विभाजनकारी रेखाओ के खींचने के फलस्वरूप खालिस्तान आंदोलन बीसवीं सदी का सबसे भयानक राक्षस बन गया। भ्रम और पहचान के संकट के कारण पनपी ऐसी कट्टरपंथी विचारधारा ने एक अड़ियल राक्षस का रूप ले लिया। वर्तमान समय में, विशेष रूप से स्वतंत्रता के बाद से, अधिकांश धार्मिक आस्थाएँ चाहे वह हिंदू धर्म हो, सिख धर्म हो या जैन धर्म, दो प्रमुख अब्राहमियन धर्मों की मजबूत उपस्थिति के कारण यहाँ के मूल धर्मो में बहुत सारी कुप्रथाएँ विकसित हुई हैं, बाद के वर्षों में, ये अनुष्ठान और कुप्रथाएँ आपस में जुड़ गईं और हमने संसाधनों की कमी, ज्ञान (धर्मग्रंथों तक पहुँच खुले तौर पर सुलभ नहीं थी), प्रेरणा की कमी या यहाँ तक कि दमन के कारण किसी भी सुधार आंदोलन का उदय नहीं देखा।

जैन धर्म में ऐसी बहुत सी प्रथाएँ और मान्यताएँ हैं जिनके बारे में हम बचपन में आपस में चर्चा करते थे और उनके उत्तर ढूँढ़ते थे, लेकिन हमें कभी भी सही उत्तर नहीं मिले। आज पचास साल पार करने के बाद भी मैं इन सवालों को ढुढ़ती हूँ, लेकिन मुझे कोई ठोस उत्तर नहीं मिला। प्याज, चुकंदर और आलू न खाएं, क्योंकि वे भूमिगत जड़ें हैं और पौधे को मार देंगे- लेकिन मूंगफली, गाजर, मूली खाना स्वीकार्य है, विशेष रूप से मूंगफली जो उपवास के दौरान बहुत लोकप्रिय है। मुझे यकीन है कि कुछ पौधे-आधारित खाद्य पदार्थ न खाने के कुछ वैध कारण थे और ये प्रतिबंध कुछ समय के लिए रहे होंगे, लेकिन सही

जानकारी की कमी के कारण हो सकता है-कुछ व्यापक रूप से स्वीकृत धारणाएँ मानदंड बन गईं ...

लगभग पाचंवी या दसवीं शताब्दी के लंबे समय तक भारत में कोई भी स्वयं को 'सनातन' पहचान से अलग धार्मिक पहचान नहीं मानता था। यह भी प्रमुख कारण था कि अशोक (मौर्य वंश के) की पूरी ताकत और प्रयासों के बावजूद बौद्ध धर्म एक अलग धार्मिक पहचान के रूप में भारत में कभी नहीं पनप सका। अंग्रेजों ने जाति और धार्मिक विभाजन को बढ़ावा देने के लिए अनगिनत उपकरणों का इस्तेमाल किया, उनमें से एक थी 'मैकाले शिक्षा प्रणाली', जिसे औपचारिक शिक्षा के एकमात्र तरीके के रूप में प्रमाणित किया गया था। औपनिवेशिक/ ब्रिटिश शिक्षा प्रणाली की इस संरचनात्मक पद्धति के माध्यम से 'औपचारिक शिक्षा प्रणाली' में शिक्षा प्राप्त करने में सक्षम होने के लिए छात्रों के पहले नाम के साथ-उपनाम/अंतिम नाम लिखना अनिवार्य कर दिया गया था। इस शिक्षा प्रणाली में प्रवेश पाने वाले बच्चे के लिए माँ के नाम कि बजाय 'पिता' का नाम लिखने के लिए भी प्रोत्साहित किया। अठारहवीं सदी के अंत और उन्नीसवीं सदी की शुरुआत में ही अंग्रेज विभिन्न तरीकों-ब्रिटिश संस्थानों और मैकाले शिक्षा नीति- के माध्यम से अलग-अलग उपकरण डाल रहे थे और बो रहे थे, अंततः उन्हें लाभ मिलना शुरू हो गया- जब कुछ व्यक्तियों ने अंग्रेजों की मदद से गुरुद्वारों/जैन मंदिरों के रूप में अलग धार्मिक संस्थानों का निर्माण शुरू किया। इस अलग धार्मिक पहचान को एनसीईआरटी की किताबों और सीबीएसई स्कूलों (स्वतंत्र भारत में शिक्षा का औपचारिक तरीका- औपनिवेशिक छाप के साथ) के माध्यम से आगे बढ़ाया और प्रचारित किया गया, लगातार जैन धर्म/बौद्ध धर्म और सिख धर्म को अलग धार्मिक पहचान के रूप में पढ़ाया गया - अलग धर्म और विचारधारा जिसे जल्द ही पकड़ लिया गया-सत्ता के भूखे, अहंकारी व्यक्तियों द्वारा जो स्वयं को 'धार्मिक गुरु' कहते थे। इन सत्ता के भूखे-अहंकारी व्यक्तियों ने अपनी पूरी कोशिश की और अभी भी अलग धार्मिक पहचान के माध्यम से पुरुष प्रभुत्व के अपने एजेंडे

का प्रचार करना जारी रखा है ऐसे लोग बड़ी संख्या में बढ़ रहे हैं क्योंकि वे 'भगवत गीता' या 'रामायण' को अपने धार्मिक ग्रन्थ से अलग धार्मिक ग्रंथ मानकर पढ़ने या प्रचार करने से इनकार करते हैं।

एक कट्टर जैन परिवार में जन्म और फिर शादी होने के कारण, मुझे अपने व्यक्तिगत अनुभव से जैन धर्म में कट्टरता का बढ़ता प्रभाव और "सनातन" के प्रति सीमित दृष्टिकोण का एहसास हुआ है। जैनियों में ऐसे कई लोग हैं जो 'बद्रीनाथ', केदारनाथ और इंडोनेशिया में कुछ अन्य मंदिरों को आपस में गुपचुप तरीके से 'जैन धार्मिक स्थल' बताते हैं, क्योंकि वे जानते हैं कि इसका कोई वैध प्रमाण नहीं है। एक पाठ्य पुस्तक है जो उत्तर भारतीय दिगंबर जैन समुदाय के अनुयायियों के बीच प्रचलित है, जिसे 'छे: डाला ' कहा जाता है जिसका अर्थ है छह शाखाएं और इसकी उत्पत्ति 'श्रवण संस्कृति' से हुई है (श्रवण एक संस्कृत शब्द है जिसका अर्थ है सुनना)। हमारे पुराणों में श्रवण कुमार की एक कहानी है। "श्रवण कुमार' सबसे आज्ञाकारी युवा पुत्र थे, जिन्होंने अपने माता-पिता के सभी निर्देशों को पूरी तरह से सुना और उनका पालन किया और समाज के प्रति अपने कर्तव्य को भूलकर, अपने 'कंधों' पर अपने अंधे माता-पिता का जीवन भर बोझ उठाया। 'आज्ञाकारी पुत्र श्रवण कुमार' की कहानी के बिल्कुल विपरीत 'हिरण्य कश्यप और प्रीहेलाद' की एक और कहानी है जहां युवा पुत्र अपने पिता हिरण्य कश्यप के आदेश का पालन करने से इंकार कर देता है और "धर्म" का पालन करने के लिए अपनी बुद्धि का उपयोग करता है। उनके साहस और ज्ञान को "होलिका दहन" के रूप में मनाया जाता है। क्या ये दोनों कहानियाँ हमें कोई अमूल्य सीख नहीं सिखा रही हैं? एक निश्चित आयु (पच्चीस वर्ष) और शिक्षा प्राप्त करने के बाद क्या हमें अंध अनुयायी बनने और कुछ आदेशों का पालन करने की आवश्यकता है या क्या हमें अपनी बुद्धि का उपयोग करने की आवश्यकता है? क्या यह 'श्रवण संस्कृति' 'सुन्नत' से भिन्न है? *सनातन धर्म- श्रवण (सुनना), श्रुति (बोले गए शब्द), मनन (विश्लेषण) और स्मृति (याद रखना) के सिद्धांतों की वकालत करती है। सनातन*

संस्कृति इन चार स्तंभों या सिद्धांतों पर टिकी हुई है जहां एक व्यक्ति को उपनिषद, वेद और पुराणों में पाए जाने वाले ऋषियों के बोले गए शब्दों को सुनना चाहिए, उनका विश्लेषण करना चाहिए और छिपे हुए गुण और ज्ञान को समझने के बाद उन्हें सीखना और याद रखना चाहिए, ताकि अगली पीढ़ी को अनमोल ज्ञान दिया जा सके। 'भगवद्गीता' उपनिषद का सारांश है, यह साधक और परमात्मा के बीच संवाद के रूप में है- जहां 'परमात्मा' हुक्म का उपयोग नहीं करते हैं बल्कि साधक (अर्जुन) को सबसे शांत और मैत्रीपूर्ण तरीके से समझाते हैं। 'भगवद्गीता दो मित्रों के बीच बातचीत के रूप में लिखी गई है- जहां देवता सच्चे 'धर्म' या समाज के प्रति उसके 'उचित कर्तव्यों' को समझने में मदद करने के लिए सबसे प्रेमपूर्ण तरीके से साधक का हाथ थामे हुए हैं।

मैं निश्चित रूप से मानती हूं कि जैन धर्म और सिख धर्म अलग-अलग धार्मिक पहचान नहीं थे, वे दोनों 'हिंदू धर्म' में सुधार और रक्षा के लिए आए थे। कहा जाता है कि 'चंद्रगुप्त मौर्य' अपना सिंहासन त्यागने के बाद 'जैन भिक्षु' बन गए थे। क्या ऐसा इसलिए हो सकता है क्योंकि 'चंद्रगुप्त' ने चाणक्य के साथ मिलकर 'पुरुष प्रभुत्व और सिंहासन पर पुरुष उत्तराधिकारी' की नींव रखी थी? बाद में उनके पोते 'अशोक' ने धर्म परिवर्तन किया और 'बौद्ध धर्म' का कठोरता से प्रचार किया।

यहां मैं जैन धर्म (दिगंबर) के बारे में अपनी समझ पर चर्चा करना चाहुगी, जैसा मैंने इसे अपने पचास वर्षों में समझा है, और इसे 'सनातन' लेंस के माध्यम से देखने की कोशिश कर रही हूं। चूंकि जैन धर्म की स्थापना हिंदू आस्था को अनावश्यक अनुष्ठानों और जाति विभाजन से मुक्त करने के लिए की गई थी, इसलिए इसे 'प्राकृत' भाषा में प्रचारित किया गया, ताकि अधिक से अधिक लोग इसे समझ सकें... विशेष रूप से वे जो संस्कृत नहीं सीख सकते थे या नहीं सीख पाए थे। प्रारंभ में यह मूर्ति पूजा के विरुद्ध था और भगवान को फूल का चढ़ावा चढ़ाने के भी विरुद्ध था। यह सब तब बदला जब, ब्रिटिश प्रभावित अकाल और गरीबी के कारण, लोगों ने जरूरतमंदों की मदद के लिए

मंदिरों में अक्षत (कच्चा चावल, सूखा नारियल, लौंग के साथ - (लौंग चावल की शेल्फ लाइफ बढ़ाता है) चढ़ाना शुरू कर दिया। चौबीस तीर्थंकर चित्रण ध्यान करने वाली आत्मा है, जो हम में से प्रत्येक में निवास करती है - एक 'आत्मा' जिसने अपनी इंद्रियों पर विजय प्राप्त कर ली है और उन पर अत्यधिक नियंत्रण रख सकती है इसलिए - जिनेंद्र/राम

मेरी जिज्ञासा मुझे यह सोचने पर भी मजबूर करती है कि केवल चौबीस तीर्थंकर ही क्यों? बीस, पैंतीस या सौ क्यों नहीं? क्या चौबीस तीर्थंकर एक दिन में चौबीस घंटे को नहीं दर्शाते? जब कोई व्यक्ति पूरा दिन ध्यान करता है तो वह खुद को जागृति की ओर बढ़ता हुआ पाता है, जिसे "पुनर्जागरण" कहा जाता है, यानी पुनर्जन्म या पुनर्जीवन। ध्यान करते समय हम सभी साधक बन जाते हैं क्योंकि हम अंदर की ओर आकर्षित होते हैं और जीवन के विभिन्न पहलुओं के उत्तर तलाशते हैं जैसा कि हमने अनुभव किया है | हम जितना अधिक गहराई में उतरते हैं, उतने ही अधिक प्रबुद्ध होते जाते हैं। यद्यपि 'पंच परमेष्ठी' को पांच असाधारण आत्माओं - अरिहंत, सिद्ध, आचार्य, उपध्याय और साधु में वर्गीकृत किया गया है, मैं उन्हें पांच मूल तत्वों के रूप में समझती हूं, जिससे हम सभी का निर्माण हुआ है, 'पंच पांडवों' के समान, जिनमें कृष्ण एक आंतरिक गहरी आत्मा है आत्म चेतना है। जैनियों के पहले 'तीर्थंकर' 'भगवान आदिनाथ' हैं और उन्हें गाय या बैल के चिन्ह के माध्यम से दर्शाया गया है। (चूंकि सभी तीर्थंकरों की पूजा ध्यान मुद्रा में की जाती है - प्रत्येक तीर्थंकर को एक प्रतीक के माध्यम से अलग किया गया है।) जैनियों के दूसरे अंतिम तीर्थंकर स्वामी पार्श्वनाथ को 'सांप' के प्रतीक के माध्यम से दर्शाया गया है। अपने प्रश्नों के माध्यम से मैं 'पेंडोरा बॉक्स' की तरह गहराई से उतरने की कोशिश कर रही हूं - 'आउट ऑफ द बॉक्स' दृष्टिकोण के साथ मैं जीवन के इन सभी पचास वर्षों में जो कुछ भी मुझे बताया गया है, उसके बजाय नए दृष्टिकोण से सीखने और उत्तर खोजने की कोशिश कर रही हूं। क्या यह महज संयोग है कि पहले तीर्थंकर को 'आदिनाथ' कहा जाता है,

जैसे 'शिव', जिन्हें 'आदिनाथ' भी कहा जाता है और नंदी बैल हमेशा उनके साथ रहते हैं? क्या यह ध्यान मुद्रा में 'आदिदेव/महादेव' हो सकते हैं? इसके अलावा, तीर्थंकर 'पार्श्वनाथ' सबसे लोकप्रिय तीर्थंकरों में से एक के रूप में प्रतिष्ठित हैं, क्या यह 'शेषनाग' पर विराजमान विष्णुजी या फिर कालियानाग के साथ कृष्णजी का स्वरुप है क्या ? जैन धर्म में अधिकांश मार्ग या आश्रम/जीवन का तरीका 'सनातन' के समान है, जिसमें एक 'योगी' के 'सात्विक' भोजन आहार का पालन किया जाता है, जिसके बाद एक 'मुनि' (सांसारिक सामग्री का त्याग करने वाला तपस्वी) का जीवन जिया जाता है। मोक्ष प्राप्त करने का चरण या अंतिम आश्रम।

*सिख धर्म में भी 'पंचप्यारे' पांच पांडवों जैसे पांच मूल तत्वों को दर्शाते हैं।

वर्तमान समय में धार्मिक अनुयायी भेड़ या भीड़ की तरह व्यवहार करते हैं, जो किसी भी उच्चतम अधिकारी या धार्मिक नेता के कहे अनुसार ही चलते हैं, बिना किसी विशेष अनुष्ठान के पीछे का कारण जाने या खोजबीन किए। इससे व्यक्ति साधक नहीं बनता, बल्कि अनुयायी बनता है, और अनुयायी हमेशा धार्मिक उपदेशक/ तथाकथित गुरु के लिए लाभदायक होता है क्योंकि अनुयायी कभी धार्मिक उपदेशक से सवाल नहीं करेगा, लेकिन साधक हमेशा अपने सवालों के जवाब खोज लेगा और इस तरह कभी अनुयायी नहीं बन पाएगा। इसलिए, कम पढ़े-लिखे या कम ज्ञानी ही अनुयायी या भेड़ या भीड़ बन जाते हैं। मैं अनुयायी नहीं बल्कि एक साधक हूँ जो 'भगवद् गीता' में बोले गए प्रत्येक शब्द में छिपे गहन अनमोल ज्ञान को पड़ती और समझने की कोशिश करती हूँ।

'सबसे सभ्य संस्कृति' जो 'वसुधैव कुटुंबकम' में विश्वास करती थी, 'वसुधैव कुटुंबकम' का अर्थ है, 'पूरा विश्व एक परिवार है', आप सभी को एक परिवार के सदस्य के रूप में मान सकते हैं जब आप दूसरों को अपना मानते हैं और उनका सम्मान करते हैं -इंसान और जीव-

जंतु के प्रति और यही 'धर्म' था और है, जिसका भारतीय संस्कृति मानने वाले लोगो ने पालन किया - इसीलिए भारतीय 'नमस्ते' (हाथ जोड़कर नीचे झुकना) का उपयोग अभिवादन के रूप में करते है, क्योकि वे जानते है कि दूसरे इंसान मै भी वही आत्मा है जो उनमे है। लेकिन भारतीयों की दयालुता और विनम्रता को उनकी कमजोरी के रूप में दुरुपयोग किया गय। उपनिवेशवादियों के पास उपलब्ध सभी साधनों का उपयोग करते हुए, सबसे पुरानी संस्कृति पर -मौखिक दुर्व्यवहार, शारीरिक दुर्व्यवहार, प्राचीन पाठ और शास्त्रों का गलत और झूठा चित्रण किया गया औरसनातन सभ्यता को नष्ट करने के प्रयोग किये गए। ये ईसाई और इस्लामवादी दोनों ही उपनिवेशवादी, विशेष रूप से 'महिलाओं' को निशाना बनाया और उन पर हमला किया क्योंकि इन दोनों पंथ के पुरुष प्रधान समाज हैं | अब्राहमिक उपनिवेशवादियों को भारत की इस प्राचीन सभ्यता में महिलाओं को दी गई सर्वोच्च स्थिति और बराबरी को पचा नहीं सके उनके लिए यह अविश्वनीय था की स्त्री का दर्जा पुरुष के सामान कैसे हो सकता है ? इसलिए इन हमलावर ने महिलाओं की इस स्थिति को नष्ट करने पर आतुर हो गए, इन अक्रान्ताओ ने महिलाओ के साथ दुष्कर्म किये उनको हर तरह की मानसिक प्रताड़ना दी और वर्तमान समय में भी अपने मास मीडिया के माध्यम से प्रिंट, दृश्य और फिल्मों में महिलाओं को अपमानजनक तरीके से चित्रित करना जारी रखा। विगत तीन सौ, चार सौ वर्षों या इससे भी कही आदिक वर्षो से नारी के आत्म-विश्वास पर पत्थर बरसाने वाले निरन्तर नारी का अपमानजनक चित्रण, इन हिंसक दुर्व्यवहारों और आक्रमणों ने इस प्राचीन सभ्यता की नारी की आत्मा को आहत करने में सफलता प्राप्त की है।

प्रस्तावना

यह पुस्तक मेरी कविताओं और उनकी व्याख्या का एक संग्रह है, संग्रह द्विभाषी है क्योंकि मैं एक द्विभाषी व्यक्ति हूं। मैंने पिछले कुछ वर्षों में ये कविताएँ लिखी हैं, इन कविताओं के माध्यम से मैं कुछ मापदंड और पुरानी परंपराओं पर सवाल उठा रही हूँ जो आज हमारे समाज में प्रचलित और गहरी हो चुकी हैं। इनमें से अधिकांश मापदंड और पुरानी परंपराओं की कोई जड़ नहीं है और यह "भारतीय-सनातन" संस्कृति से मेल नहीं खाती है। ये मापदंड और रीति-रिवाज उतने ही खोखले हैं जितने पश्चिमी हमलावर जो उन्हें लाए थे। हमलावर जिन्होंने "भारत" पर शासन नहीं आक्रमण किया, यहाँ के लोगों पर, यहाँ की परंपराओं पर, वैदिक शिक्षा प्रणाली को तहस- नहस किया, और वैदिक- सनातन संस्कृति के मूल्यों पर हमला किया।

महाभारत, रामायण, भगवतगीता महाकाव्य हैं। हर कोई इन काव्यों को अपने दृष्टिकोण के अनुसार समझता है। एक लेखिका/कवयित्री के रूप में, मैं अपनी कविताओं के माध्यम से जीवन के अनुभवों के बारे में अपनी अंतर्दृष्टि और दृष्टिकोण साझा कर रही हूँ, इसलिए मैं साथ-साथ अर्थ भी लिख रही हूँ, ताकि सभी को यह स्पष्ट हो सके कि मैं अपनी कविताओं के माध्यम से क्या संदेश देना चाहती हूँ।

आज, अब्राहमिक हमलावरों द्वारा एक हजार से अधिक वर्षों तक लगातार संरचित हमलों को सहन करने के बाद, हमारा सनातनी समाज अपने मूल मूल्यों को काफी हद तक भूल गया है जो समानता और विविधता को एकमात्र सर्वोच्च 'धर्म' के रूप में सिखाता व देखता है। औपनिवेशिको/ हमलावरों की ही तरह- आज हम खोखले अहंकार, ढोंग और आडम्बर से भरे हुए हैं, हम में से ज़्यादातर को तो धर्म का सही मतलब भी नहीं पता। अंग्रेजी शिक्षा पद्दिती की किताबो

में ऐसे उलझ गए कि अपने धर्म - ग्रन्थ छोड़ अंध भक्त बन कपटी बाबा और अंधविश्वास में फस गए। उदाहरण- एक व्यक्ति को 'जिना' का सही अर्थ भी ना पता हो, लेकिन वह जैन के रूप में उपनाम का उपयोग करता है क्योंकि पिता ने इसका इस्तेमाल किया था! एक द्विवेदी ने एक भी वेद नहीं पढ़ा हो, लेकिन दो वेदों में महारत हासिल करने का दवा करने वाले अंतिम नाम का उपयोग करता है! आज़ादी के बाद भी चल रही अंग्रेज़ी -कम्युनिस्ट शिक्षा प्रणाली के तहत लगातार अध्ययन करने के कारण जो केवल रटना सीखती है विश्लेषण नहीं, हम में से अधिकांश एक गैर-विचारशील, तर्कहीन झुंड बन रहे हैं जो निर्देशों की प्रतीक्षा कर रहे हैं। वह झुंड जो आँख बंद करके मानता है कि एक "हाथी" केवल अपनी सूंड की तरह दिखता है या किसी भी आडम्बर पर विश्वास कर लेते है, कभी भी यह पूछने की परवाह नहीं करते इन आडम्बरो या रीती रिवाज़ो के मूल जड़ क्या है?

इन सभी हमलों में चाहे हिंसक हो या अहिंसक, जिसने सबसे बड़ी कीमत चुकाई है, वह है 'भारतीय संस्कृति ' और 'शक्ति'/ भारतीय नारी । 'शक्ति'/ भारतीय नारी जिसने प्राचीन भारत को समृद्धि बनाने में पूरा दाइत्व निभाया, देवी, ऋषिका, विदुषी के रूप में प्रगति के साथ हाथ से हाथ मिलाकर काम किया, वह जो अभी भी आधी आबादी है, लेकिन आज सभी क्षेत्रों से शक्ति यानि नारी गायब है, जो लक्ष्मी रुपी है - एक निर्जीव पत्थर या मिट्टी की मूर्ति नहीं, जिसे साल में एक या दो बार सजाया / पूजा जाता है।

जीवन एक यात्रा है, यह वर्ष के प्रत्येक 365 दिनों में एक उत्सव की तरह खुश, सुंदर और आनंदमय हो सकता है, जब हम साल में 365 दिन एक-दूसरे की देखभाल करने का वचन करते हैं, एक दुसरे का हाथ थाम ज़िन्दगी के चुनौतिओं का सामना करते है, ज़िन्दगी के उतार-चढ़ाव में किसी के कहने पर, जन्मो का साथ निभाने का वादा करके छोड़ते नहीं, एक दूसरे का निरादर और अपमान ना करे, अक्रान्ताओ की सोच हमारे भारतीय स्नस्कृति पर हावी ना होने दे। यदि कोई व्यक्ति वास्तव में प्रबुद्ध हो जाता है तो वह व्यक्ति अपने लिए

और दूसरों के लिए 'स्वर्ग ' बना सकता है। आपसी सम्मान, साहस और प्रबुद्ध आत्माओं की कड़ी मेहनत से एक घर मंदिर में बदल सकता है, वही घर अहंकार, ईर्ष्या, क्रूर व्यवहार और दूसरों के शोषण के कारण नरक कुंड में बदल सकता है। आप तभी सुख और शांति प्राप्त कर सकेंगे - जब चित्त सुख और शांति की अनुभूति करेगा तभी समृद्धही आएगी, तत पशायत ही मोक्ष की प्राप्ति हो सकती हैं ।

विषय सूची

हां मै दुर्गा, मैं ही जगदम्बा

हां मै दुर्गा, मैं ही जगदम्बा ।
मैं ही अर्जुन और कृष्णा ।।
खड़ी अकेले इस कर्मभूमि के चक्र व्यू मे, अपना बह्रमास्त्र संभाले' ।।
नहीं कोई परिभाषा जीत हार की। अपने या पराये की।।
जब सतबुद्धी आये कोटि कोटि मे। समझो! जग जीत लियो अति भारी।।

मीनाक्षी जैन

भावार्थ- मैं से तात्पर्य मेरी आत्मा जो अनश्वर हैं, जिसने कभी नारी (दुर्गा/ जगदम्बा) कभी नर (अर्जुन) का रूप धारण किया है, मेरा ये रूप जो पांच धातुओं का संग्रह है (पांडव) जिसे अर्जुन के रूम में हम देखते है । हर रूप मे, हर शरीर के भीतर एक आत्मा है जो कभी नहीं मरती सिर्फ रूप बदलती है। यह आत्मा जो कृष्णा रुपी है, परमात्मा रुपी है चेतना के रूप में हम सभी के अंदर प्रज्वलित है। हम सभी को अपनी चेतना (पंच कोष -आनंदमय कोश) को ना खोने देने का निरंतर प्रयास करना चाहिए |

जिंदगी के उतर चढ़ाव में जब हम योद्धा की तरह इस भवसागर में, जिंदगी रुपी कर्मभूमि के चक्रव्यूह में उलझ जाते है, कई बार इस कर्मयुद्ध में हम अपने आप को अकेला ही पाते है। कई बार हम अर्जुन की ही तरहः जिंदगी से हताश- निराश होजाते है।

लेकिन, अगर हम सच की राह पर है, तो हमारी चेतना, हमारी सच्चाई ब्रह्मक्षत्र की तरह हमारी ताकत बनती है और हमें आगे बढ़ते रेहने का हौसला देती है।

अपना कौन है - आत्मा ने जो शरीर रूप धारण किया है वह भी अपना नहीं परमात्मा की देन है जो एक दिन मिटटी में मिल जायेगा। सारे रिश्ते जो हमने यही बनाए सब यही रह जायेगे। तो आखिर दिखावा किस बात का किस के लिए ?- अगर आपकी सच्चाई में कोई व्यक्ति साथ नहीं देता, घबराए नहीं निराश ना हो क्योकि हार या जीत की कोई परिभाषा नहीं होती। अगर आपकी सच्चाई जीवित है, अगर आप गलत लोगो के प्रभाव से दूर है, और अपने फायदे के लिए दोगली बाते नहीं करते, अगर आपके भीतर परमात्मा जागृत है, तो अपने इस संसार रुपी जीवन को जीत लिया है। अगर यह ज्ञान, यह बुद्धि सभी में आ जाये यही जीत की सही परिभाषा है। यही धर्म का मार्ग है, स्वर्ग का मार्ग है।।

हम सभी मनुष्य अर्जुन की भाँती पांच धातुओं का संग्रह है जिन्हे जीवन यापन हेतु इस जीवन रुपी चक्रविहु में कदम-कदम पर संगर्ष करना पड़ता है। हम सभी शरीर रुपी अर्जुन के भीतर एक परमात्मा है जो हमे सही, और किसी भी माया जाल या लालच छोड़, सच्चाई की राह पर चलने की प्रेरणा देती है। जब तक हम इस परमात्मा रुपी श्री कृष्णा को अपने अंदर आत्मचिन्तन से सींचते है और श्री कृष्णा की बताई सच्ची राह पर चलने का साहस रखते है तभी हम एक मनुष्य कहलाने लायक है अन्यथा हम एक निर्जीव प्राणी या राक्षस है।

सब नशे में है

सब नशे में है,
कोई गांजे के, कोई शराब के,
कोई पैसो के, कोई रुतबे के,
कोई खेल के, कोई किताब के,
कोई टीवी के, कोई रेडियो के,
कोई झूटी कुटुंभ की शान में,
अपनो की खबर नहीं, पर दुनिआ भर की खबरों में।
देश की परवाह नहीं, देश की खबर नहीं,
सब नशे में है।।
अपने आडम्बर और भोग विलास में,
ख्याति पाने की होड़ में,
सबसे आगे निकलने में,
बिक जाये यह समाज तो क्या ?
बिक जाये यह देश तो क्या?
सब नशे में है।।
अपनी भूमि दूषित कर, फतह करना है ब्रह्माण्ड पर,
अपना देश बैच, बसना है घर चन्द्रमा पर।।
देश को बर्बाद कर, आज मज़े में है सैकड़ो जयचंद और मीरज़ाफर।।
किसको देश के खबर, किसको देश की परवाह?
सब नशे में है।।
झूटी ख़ुशी बघार रहे,
आडम्बर के आगे शीश झुका रहे,

झूठे पूजा पाठ में, झूठे पैगम्बर की राह में।।
भगवान को ढूढ़ने से, भगवन बनाने की राह तक,
सब नशे में है।।
मूर्ति पूजन, समशान और पांडेय -पाठ में भगवन ढूंठ रहे,
अपने आगे रेखा खींच रहे, औरो की रेखा बता रहे।
सब भगवान होने का दवा कर रहे,
मसीहा बनने की होड़ में, महात्मा बनने की आस में।
बिक जाये यह देश तोह क्या ?
सब नशे में है।।
युवा अपनी जवानी में,
वृद्ध अपने मरण के पथ को आरामदेह और रसीला बनाने में।
मासूम और निर्जीव की हत्या कर, नरभक्षी भगवान का राग आलाप रहे।।
आर्दर्षो की शय्या पर,
कमज़ोर को निम्र और छोटा मापने तक,
सब भ्रम में है, सब नशे में है।।
बिक जाये यह देश तो क्या ?
सब नशे में है।।

- मीनाक्षी जैन

भावार्थ- 'सब नशे में है' कविता के माध्यम से मैं उन विभिन्न व्यसनों के बारे में बात करना चाहती हूँ, जिन्होंने हमारे समाज को कलंकित किया है। जिसके कारण आजादी के पचहत्तर वर्ष बीत जाने के बाद भी हम मानसिक स्तर पर या आर्थिक रूप से विशेष समृद्धि प्राप्त नहीं कर पाए हैं। हम अभी भी सिर्फ अस्तित्व के लिए प्रतिस्पर्धा कर रहे

हैं। इसका कारण मुझे लगता है कि औपनिवेशिक शिक्षा प्रणाली ने इस देश के लोगों की वास्तविक शिक्षा और मूल्यों को उखाड़ फेंका है और उन्हें सतही रवैये और भौतिकवाद से जोड़ दिया है, जहाँ हममें से अधिकांश लोग या तो मातृभूमि' या प्रकृति' को बचाने या वापस देने के बारे में सोचने के बजाय उपभोग करने में व्यस्त हैं। । हम में से अधिकांश लोग कम या बिना किसी कठोर परिश्रम/ पुरुषार्थ के अधिकतम पाना चाहते हैं। हम में से अधिकांश समाज, राष्ट्र या प्रकृति के लिए जो अच्छा है उससे अधिक निजी स्वार्थ पहले कैसे पूरा हो इसकी की तलाश करते हैं। प्रकृति के पास सभी के लिए प्रचुर मात्रा में संसाधन हैं, लेकिन क्योंकि हम में से अधिकांश वापस लौटने के लिए न्यूनतम दृष्टिकोण के साथ वास्तव में आवश्यकता से अधिक उपभोग करना चाहते हैं | यही मानसिकता न केवल प्रकृति का बल्कि कमजोरों का भी शोषण कर रही है।

जब मैं व्यसनों के बारे में बात कर रही हूं, तो मैं इस तथ्य पर जोर देना चाहती हूं कि लोग न केवल धूम्रपान, शराब या नशीली दवाओं के आदी हैं, बल्कि अख़बार पढ़ना, टेलीविजन देखना, सोशल मीडिया पर हर दिन एक घंटे से अधिक समय बिताना भी एक तरह लत ही है। हर रोज़ बिना चूके अख़बार पढ़ना भी एक लत है। भारत के अख़बारों में ज़्यादातर बुरी ख़बरें या नकारात्मक ख़बरें होती हैं। इनमें से ज़्यादातर अख़बारों पर औपनिवेशिक छाप/विरासत है। क्या हमें वाकई अपने दिन की शुरुआत नकारात्मकता से करनी चाहिए? दुनिया के मामलों से ज़्यादा हमें सामाजिक रूप से जागरूक होने और अपने आस-पास की चीज़ों के प्रति ज़िम्मेदारी से काम करने की ज़रूरत है। हर रोज़ अख़बार पढ़ने से हमारे दिमाग में बहुत ज़्यादा अव्यवस्था पैदा होती है और महीने के अंत में हमारे घरों में बहुत ज़्यादा बेकार कागज़ जमा हो जाता है, जिसकी वजह से कई पेड़ों को काटना पड़ता है। अपने समाज और विश्व के समसामयिक मामलों से अवगत रहने के लिए हम आसानी से डिजिटल प्लेटफॉर्म पर जा सकते हैं, इससे हमें केवल एक

प्लेटफॉर्म पर निर्भर रहने के बजाय किसी विशेष मुद्दे पर विविध दृष्टिकोण प्राप्त करने में भी मदद मिलेगी।

बहुत से लोग अपने अहंकार, लालच, ईर्ष्या (रावण के माध्यम से दर्शाए गए सभी दस दोषों) में बंधे हुए हैं, ऐसे लोगों के पास आत्मनिरीक्षण के लिए समय नहीं है क्योंकि वे खुद में ही समाहित हैं, यही लोग दुनिया में सबसे अधिक ज्ञानी होने का दावा या ढोंग करते है | हर किसी के घर या दुनिया में क्या हो रहा है, यह जानने में बहुत रुचि रखते हैं लेकिन अपने परिवार में क्या हो रहा है इसकी परवाह नहीं करते हैं और अपने परिवार के सदस्यों के साथ अनादर और असमानता के साथ व्यवहार करते हैं। ऐसे लोग छवि निर्माण के बारे में अधिक चिंतित हैं और इसे बनाने के लिए किसी भी हद तक चले जाते है, समाज की कीमत पर अपने स्वार्थ के रास्ते पर किसी को भी चोट पहुंचाने से नहीं हिचकते। यदि परिवार इकाई नाखुश है तो यह अलगाव की ओर ले जाएगा और यदि अलगाव पारिवारिक स्तर पर होता है, तो यह समाज और अंततः देश और दुनिया के विकास की ओर कैसे ले जाएगा?

आत्म-प्रेम और लालच से भरे लोगों ने लगभग पूरी पृथ्वी पर कब्जा कर लिया है और अब ऐसे लोग अंतरिक्ष और ब्रह्मांड पर अपनी महत्वाकांक्षा के साथ अंतरिक्ष पर्यटन, चंद्रमा और महासागर में हाउसिंग सोसाइटी की ओर देख रहे हैं। प्रकृति माँ के पास वापस लौटने के बारे में नहीं सोचना - इसके विपरीत दुनिया में सबसे शक्तिशाली दिखाने की दौड़ में हर कमज़ोर को निचोड़ना चाहते है । संतत्व की आड़ में दूसरों को नियंत्रित करना उन्हें सही शिक्षा से वंचित रखना जिस कारण लोग आसानी से अंध विश्वास का शिकार हो जाए | मूर्ख बनाने के लिए प्रतीकों और धर्म/जाति का उपयोग कर स्वम को संतत्व की आड़ में लोगो का सबसे बड़ा हितैषी साबित कर लोगो को अंध-भक्त बनाकर गुमराह कर रहे है और लूट रहे है |

आज लगभग पूरी दुनिया में, अधिक से अधिक लोग अपने आसपास के वातावरण के कारण सच्चाई के मार्ग को छोड़कर लालच से ग्रसित

हो रहे है, जिससे दासों/श्रमिकों और अंधे अनुयायियों से भरा समाज बन रहा है जहां शायद ही कोई शांति या समृद्धि बची हो, जहां हर कोई अस्तित्व और पहचान की जंग लड़ रहा है।

मेरे विचार से विधर्मी एक सोच है, एक विचार धारा है इसको मानने वाला अपने को ही श्रेष्ठ मानता है अपने सारे कृत्यों को ही सही मनाता ह। अपने को दूसरो से अलग समझना श्रेष्ठ समझना विधर्म है जयचंद इसी मानसिकता से ग्रसित था इसलिए विधर्मी था और पृथ्वीराज चौहान अर्जुन की तरह धर्मयोद्धा। विधर्मी सोच जो समानता और न्याय में विश्वास नहीं रखती यही सोच 'गज़्वाई हिन्द' है। सच्चाई का साथ ना देना विधर्म है, पैसो और महत्वकांशाओ के लिए सारी हदे पार कर देना विधर्म है। इसी विधर्मी मानसिकता के कारण हमारी सबसे पुराणी सभयता तार-तार हो रही है और यही मानसिकता घर- घर में वास करने लगी है। अगर हम अभी भी इस विधर्मी मानसिकता को अपने से अलग नहीं कर सके तो वह दिन दूर नहीं जब अमरीका, जापान और चीन की तरह मनुषय का जीवन नीरस और पत्थर बन जाएगा जहाँ देखने में चकाचौंध, चमकती इमारते और साफ़ सुथरी सड़के है पर सुकून और ख़ुशी नहीं। और आगे चलकर यही तालिबान का रूप लेगा जहाँ नारी की इज़्ज़त नहीं - एक बंजर निर्जीव भूमि जहाँ कोई सूखी नहीं- सिर्फ और सिर्फ हथियार से खून की होली।

जयचंद को इतिहास में 'सनातन धर्म' का सबसे घोर अपराधी में से एक के रूप में याद रखना चाइये, उसने अपनी ही बेटी को अपने हुक्म का पालन ना करने के लिए धोखा दिया और जयचंद ने अपने ही दामाद 'पृथ्वी राज चौहान' जो एक धर्मयोध्धा था और जो 'धर्म राष्ट्र' की स्थापना की कोशिश कर रहा था । जयचंद अहंकार, छल, और क्रोध से इतने भरे हुए थे कि विधर्मी से हाथ मिलाने में भी संकोच नहीं किया जिस कारण "भारतवर्ष" और उसके "सनातन धर्म" का पतन तीव्रता से शुरू हो गया ।

आज हम लगभग हर घर में 'जयचंद' देखते हैं जहां लोग झूठे अहंकार और आडम्बर के लिए अपने ही घरों को नष्ट कर देते हैं, और भौतिक लाभ के लिए अपने प्रियजनों को धोखा देने से पहले दो बार नहीं सोचते हैं। खुद को सबसे धार्मिक और संत के रूप में पेश करने की होड़/प्रतियोगिता में बहुत से लोग न केवल अपनी पारिवारिक इकाई बल्कि समाज और 'सनातन संस्कृति' को भी नष्ट कर रहे हैं।

https://www.aajtak.in/business/news/story/jefferies-says-on-ram-mandir-that-rs-85000-crore-makeover-in-ayodhya-could-attract-over-50-million-tourists-per-year-tutc-1864432-2024-01-22

खंडित हो गया राम राज्य

घर घर में रावण, मन मंदिर में रावण,
हर घर में लंका दिखती है ।
जिसमे एक सीता बिलखती है।।
पूजा और तप के माईने बदल गए,
घर घर में मानव बिखर गए।।
हर कोई ज़ंजीरो में जकड़ा,
सोने चाँदी के मोह जाल में अकड़ा ।।
खंडित हो गया राम राज्य,
घर घर में रावण, मन मंदिर में रावण।।

हर मन को ज़ंजीरो ने जकड़ा,
हर घर में सोने का पेहेरा,
पिंजरे में है सोने के दाने,
सुख सुविधा के वादे न्यारे,
तन मन है कैद सोने की लंका में,
खंडित हो गया राम राज्य,
घर घर में रावण, मन मंदिर में रावण।।

सारे शहरी लंका वासी,
है कुछ गांव में राम अब भी बाकी,
करता वहाँ भी लुक्का छिप्पि,

जब होती रावण की मन मानी,
ये कैसा अपना देश हो गया ?
सब कुछ शहरी कारन हो गया,
खंडित हो गया राम राज्य,
घर घर में रावण, मन मंदिर में रावण।।
नारी चढ़ रही बलिदानो की भेट,
है नहीं उसके कामो का कोई रेट,
हर शहर में रावण बसता, शिव का डम-डम डमरू बजता,
शक्ति की खोज में तांडव मचता,
तब तक सीता को सिसकना होगा,
जब तक हर नारी में काली और शक्ति का वास न होगा।।
जब तक वह दाईरो में मापी जाएगी,
सोने चाँदी से हॉकी जाएगी,
जब तक खिचेगी लक्ष्मण रेखा,
होगा उसकी गरिमा का लेखा जोखा,
तब तक सीता को सिसकना होगा,
जब तक हर नारी में काली और शक्ति का वास ना होगा।।

रावण का ही रॉब चलेगा, रावण का ही व्यग चलेगा,
आखिर ये ही रावण राज्य,
इस कारण घर घर में रावण, मन मंदिर में रावण।।
हर प्रदेश अब हरयाणा होगा,
जहाँ नारी की महिमा खंडित है,
सिर्फ पैसा ही महिमा मंडित है।।
घर घर में हरयाणा बस गया, घर घर में रावण बस गया।।

हर घर मच रहा हा-हा कार, हर मुखोटो पर रावण की हुंकार,
हर मुखोटो में जनक, दसरथ और कैकई का वास,
खुशियों की चादर ओढे शोक विलाप,
हर जगह कुरुक्षेत्र बिछ गया, हर पल कौरव जीत रहा,
राम तो है मात-पित्त दुलारा, जग -जग ने पुरषोत्तम कहारा,
सब जग आपा-धापी में, जीतना पुरषोत्तम की बाज़ी में,
छोड़ अपना घर संसार मंझ़ धार, ले लेना जग कल्याण का अति -
भार,
क्या थी राम की जिम्मेदारी? क्यों हो गई सीता लाचारी?
वह भी तो मात्त-पित्त दुलारी, फिर कौन था उसका असल दुराचारी ?
दिन रात जो कहती में तो राम दुलारी,
खुशियों की ओढ़नी में बिखरे खुशिया जग सारी,
मत रौदो सावित्री और सीता का विश्वास, हर नारी में संतोषी का वास,
जल्द ये सीमा हट जाएगी, बेड़िया मन की झट जाएगी,
जब द्रौपदी, चामुंडा और शक्ति होगी,
हर घर फिर महाभारत होगी,
खंडित हो गया राम राज्य,
घर घर में रावण, पितृवत्ति के मन का रावण।।

- मीनाक्षी जैन

भावार्थ- नारी/ देवी का पतन रक्षक युग का आगमन है,

रामायण सिर्फ एक कहानी नहीं है - ऋषि वाल्मिकी द्वारा लिखित संस्कृत कविता में सभी युगों में प्रासंगिक गहरा सत्य है - इसका हर किसी के लिए दार्शनिक और आध्यात्मिक महत्व है जो भी इसे पढ़ने की कोशिश करेगा - राम दशरथ और कौशल्या के पुत्र है - 'दशरथ' का अर्थ है 'दस रथ'-यानि - 'कर्म इंद्रिय' और 'ज्ञान इंद्रिय' का प्रतीक हैं यानी पांच इंद्रियां- देखना, सूंघना, सुनना, आवाज और स्पर्श और पांच कर्म इंद्रियां- आंखें, कान। नाक, जीभ और त्वचा. कौशल्या एक संस्कृत शब्द है जिसका अर्थ है 'कौशल'।

इस प्रकार, इसका अर्थ है जो दस रथों पर कुशलतापूर्वक सवारी कर सकता है अर्थात जो सभी परिस्थितियों में अपने कार्यों और इंद्रियों को नियंत्रित करने में सक्षम है। जिसका जन्म अयोध्या में हुआ है - 'अ-योध्या' का अर्थ है जहां कोई युद्ध नहीं हो सकता - हमारा मन निरंतर संघर्ष में रहता है - इसलिए एक व्यक्ति जिसने कर्म और 'ज्ञान इंद्रियों में सभी संघर्षों पर काबू पा लिया है वह निडर हो जाता है और भीतर से प्रकाशित होता है।

'किरणें' और रौशनी शब्द संस्कृत के मूल शब्द 'रा' से आए हैं, जिसका अर्थ है प्रकाश-'म'-का अर्थ है 'मैं' या मेरे दिल में, इसलिए 'राम' का अर्थ है मेरे भीतर प्रकाश। जो अस्तित्व सत्य से प्रकशित है, जिसने अपनी इन्द्रियों पर विजय प्राप्त कर ली है, जिसमे कोई द्वन्द नहीं है राग नहीं है वह राम है। अत: शुद्ध आत्मा के वयक्तित्व में कण- कण में राम है । जब हम परम सत्य से प्रबुद्ध हो जाते हैं, तो हम अपने आप से और अपने आस-पास के लोगों से लड़ना बंद कर देते हैं जो हमें वास्तविक मुक्ति की ओर ले जाता है। और यह मुक्त अवस्था 'आनंद' की चरम अवस्था है।

अयोध्या में केवल 'राम लला' की मूर्ति ही क्यों? - लल्ला छोटे बच्चे को दर्शाता है और छोटे बच्चों का दिल हमेशा शुद्ध होता है, हमेशा

चालाकी से मुक्त होकर सच बोलता है, जैसे-जैसे हम बड़े होते हैं हम अपने स्वार्थ और लालच के लिए अपने आस-पास के लोगों के साथ हेराफेरी करने की कोशिश करते हैं। यदि हमारी कर्म इंद्रियां और 'ज्ञान इंद्रियां नियंत्रण में नहीं हैं तो हम मोह (अर्थात मोहित) और माया (प्रलोभन, भ्रम) से ग्रसित हो जाते हैं, जिससे हमारे मन में द्वंद्व पैदा होता है - और श्री राम लला की मूर्ति उस शुद्ध आत्मा को दर्शाती है- जो बच्चे के रूप में पैदा होता है |

खंडित हो गया राम राज्य कविता में, मुझे लगता है कि राम राज्य एक ऐसा राज्य है जहां सभी के साथ सम्मान का व्यवहार किया जाता है, प्रकृति सहित सभी के लिए प्यार और सम्मान है, कोई भी लालची नहीं है, हर कोई खुश और संतुष्ट है, बिना किसी लालच के। किसी भी स्तर पर कोई भ्रष्टाचार नहीं, और राम से मेरा मतलब उस आत्मा से है जो शुद्ध और सच्ची है, जो धार्मिकता के साथ खड़ी है। राम और रावण समान रूप से बहादुर हैं लेकिन राम और रावण में एक बड़ा अंतर यह है कि रावण महिलाओं को तुच्छ समझता है और उनका सम्मान नहीं करता है - जहां स्वार्थ और लालच के लिए रावण ने अपनी पत्नी की परवाह नहीं की बल्कि 'सोने की लंका' यानी 'भौतिकवादी दुनिया' बनाने के लिए लक्ष्मी (भौतिक संपदा) के पीछे भागा। आज हम बहुत से घरों में रावण की सबसे बुरी अभिव्यक्ति देखते हैं, जहां महिलाओं की भूमिका को दरकिनार कर दिया गया है। लोगों की शिक्षा का स्तर इतना खराब हो गया है कि वे यह नहीं समझ पा रहे हैं कि अनुशासित जीवन जीना और एक-दूसरे के अनुभव के साथ बच्चों का पालन-पोषण करना सही मायने में पूजा और तपस्या से कम नहीं है।

दुर्भाग्य से, मैकॉले शिक्षा प्रणाली ने हमें एक अंतहीन चक्र में फंसा दिया है, जहां माता-पिता अपने बुरे अनुभव के बावजूद अधिक से अधिक मौद्रिक लाभ कमाने की लालसा में अपने बच्चों को कमाई और उपभोग की उसी चूहे दौड़ और झुंड के व्यवहार में धकेल रहे हैं। जहां हर कोई स्वयं को बिना स्वतंत्र इच्छा के, बंधन की इस औपनिवेशिक व्यवस्था में फंसा हुआ पा रहा है। यह एक सोने के

पिंजरे की तरह है जहां हम पारिवारिक जीवन या कामकाजी जीवन में संतुलन के बिना यांत्रिक रोबोट 'वर्कहोलिक्स' की तरह काम कर रहे हैं, देर रात तक काम कर रहे हैं, खाने, व्यायाम करने या सोने के लिए कोई समय/शेड्यूल नहीं है और कंपनी अपने कर्मचारियों के साथ जानवरो से भी बत्तर व्यवहार करती है, कर्मचारियों के पालतू कुत्ते की तरह ट्रीट करती है। कुछ सोने के टुकड़े डाल कर - गले में कंपनी का पट्टा डालकर कर्मचारियों के दिन रात काम करवाती है। लोगो को लगता है इससे हमें सुख और सम्रृद्धि मिलेगी, इसके उलट लोग अपना स्वास्थय और चैन सब दाव पर लगा रहे है। महीने के अंत में एक निश्चित पैकेज के बदले में खुद को अवांछित विलासिता से घेरने और उन चीजों का उपभोग करने के लिए दलदल में कूद रहे है- जिनकी एक शांतिपूर्ण खुशहाल जीवन के लिए आवश्यकता भी नहीं है।

शहरी आलीशान इलाकों में आधुनिक कामकाजी जीवन 'मिराज'/ मृगतृष्णा तरह है जहां हम भविष्य के लिए पर्याप्त बचत करना चाहते हैं, वास्तव में नहीं जानते कि वह भविष्य कैसा दिखता है या क्या वह वहां होगा? चूँकि व्यस्त जीवनशैली के कारण हम अपनी बचत से कहीं अधिक उपभोग कर रहे हैं, साथ ही उस जीवनशैली को बनाए रखने के मामले में प्रतिस्पर्धा करने और एक-दूसरे से आगे निकलने के तनाव के कारण, हममें से बहुत से लोग जीवन शैली से संबंधित स्वास्थ्य समस्याओं को ठीक करने के लिए, अपनी मेहनत की कमाई डॉक्टरों और अस्पतालों के चक्कर लगाने में गँवा देते हैं। उस परम विलासिता की दौड़ में, जिसका भ्रम विभिन्न मीडिया पोर्टलों पर बनाया जाता है, हम उस परम सत्य को भूल जाते हैं कि हम प्रकृति माँ के मेहमान हैं और जिस दुनिया से हम आए हैं, वहाँ खाली हाथ लौटेंगे। इसलिए, एक अच्छे मेहमान के रूप में हमें अपने लालच के गुलाम हुए बिना, प्रकृति द्वारा हम पर बरसाई गई कृपा को वापस लौटाने की पूरी कोशिश करनी चाहिए।

कुछ लोग मैं कुछ इसलिए कह रही हूं क्योंकि आज भारत के अधिकांश गांवों में लोग कृत्रिम, यांत्रिक और भौतिकवादी जीवनशैली

की ओर आकर्षित हो गए हैं। हालाँकि, ऐसे कुछ ग्रामीण क्षेत्र हो सकते हैं जहाँ जीवन अभी भी शांतिपूर्ण और खुशहाल होगा जहाँ लोगों ने अभी तक भौतिक वस्तुओं के लिए विलासिता और अंधी दौड़ को नहीं पकड़ा है। राक्षसी मीडिया की कुदृष्टि इन सीधे-सादे ग्रामीण लोगों पर है और उन्हें कृत्रिम विलासितापूर्ण जीवनशैली की मृगतृष्णा के लिए उकसा रही है।

शहरी क्षेत्रों में, अधिकांश लोगों ने खुद को कृत्रिम दृष्टिकोण से घेर लिया है, वे दूसरों से अनुचित अपेक्षाएँ रखने या अपने स्वार्थ या अपेक्षाएँ पूरी न होने पर दूसरों को मानसिक और शारीरिक नुकसान पहुँचाने से पहले दो बार भी नहीं सोचते हैं। भारत में अंग्रेजों ने शिक्षा प्रणाली सहित ऐसी प्रणालियाँ और प्रक्रियाएँ स्थापित की थीं कि भारत के लोग खुद को फँसा हुआ पाते हैं और पिछले 200-300 वर्षों से चली आ रही जाति और लिंग विभाजन की औपनिवेशिक मानसिकता से बाहर निकलना उनके लिए कठिन हो गया है। और इस औपनिवेशिक मानसिकता से सबसे बुरी पीड़ा महिलाओं को हुई है, जिन्हें ईसाई और इस्लामी औपनिवेशिक मानसिकता के तहत महिला अधीनता और पुरुष वर्चस्व के सबसे बुरे अत्याचारों का सामना करना पड़ा।

जब लिखती हूँ- 'राम तो है मत-पित्त दुलारा, जग-जग ने पुरषोत्तम कहारा,

सब जग आपा झाँपी में, जीतना पुरषोत्तम की बाज़ी में,'

उपरोक्त पंक्ति से मेरा वास्तव में मतलब यह है कि कई बार पति और पत्नी के बीच बहुत अधिक प्रेम भाव और विश्वास होता है यही विवाहित जीवन की सच्ची नीव है - जैसे श्री राम सीता से प्यार करते हैं, हालांकि श्री राम (पति) के आस-पास के लोगों के कारण आम तौर पर सीता से सर्वोच्च बलिदान (अग्नि परीक्षा) मांगना पड़ता है), आस-पास के लोगों के कारण और लगातार खुद को सबसे श्रेष्ठ धर्मी साबित करने के लिए, क्या हम अपने जीवन को नष्ट नहीं कर रहे हैं ? हम अपने जीवन के केवल पच्चीस वर्ष अपने माता-पिता के साथ बिताते हैं, पच्चीस वर्षों

के बाद शेष जीवन अपने जीवनसाथी या 'सात जन्मों के साथी' के साथ बिताते हैं जैसा कि वे शादी के दौरान कसम खाते हैं। विवाह या तो जीवन भर का सुखद बंधन बन सकता है या अचानक टूट जाने वाला दुःस्वप्न बन सकता है, हमारा विवाहित जीवन कैसा होगा यह हमारे विवाह के मूलभूत वर्षों के आधार पर तय होगा। हमारे शुरुआती वर्षों में माता-पिता हमारी बहुत देखभाल करते है और आश्रय देते हैं। बच्चों को इसे स्वीकार करना चाहिए और हमेशा अपने माता-पिता का सम्मान करना चाहिए; साथ ही माता-पिता को भी अपने बच्चों का पालन-पोषण 'निष्काम भाव' के विचार के साथ करना चाहिए, बदले में कुछ भी अपेक्षा किए बिना उनका पालन-पोषण करना चाहिए। माता-पिता का कर्तव्य है कि वे अपने बच्चों को एक अच्छा इंसान बनाएं जो समाज के प्रति सकारात्मक योगदान दे। माता-पिता को अपने बच्चों को अपनी 'भविष्य निधि' या 'सेवानिवृत्ति संपत्ति', के रूप में नहीं पालना चाहिए, खासकर अपने बेटो को अपनी निजी संपत्ति नहीं समझना चाहिए। माता-पिता की ये सभी आकांक्षाएं कन्या हत्या और भ्रूण हत्या, दहेज, दहेज हत्या जैसी सामाजिक बुराइयों को जन्म देती हैं और जहां परिवार से प्यार और सम्मान गायब हो जाता है, जो बचता है वह केवल जहरीले रिश्ते होते है जो ना सिर्फ एक परिवार की इकाई को अपितु पूरे समाज तो नष्ट कर देते है । हमें यह समझना चाहिए कि राम और रावण लिंग विशेष नहीं हैं, जो कोई भी अच्छाई का आचरण करता है, दूसरों के प्रति दया, विनम्रता रखता है उसके भीतर राम निवास करते हैं। लोभ, क्रोध, अहंकार, वासना, काम टालने वाला, बेईमानी, इनमें से एक या एक से अधिक नकारात्मक गुणों की अभिव्यक्ति वाले व्यक्ति को 'रावण' कहा जा सकता है।

आज, मैकॉले शिक्षा प्रणाली वाले नव-औपनिवेशिक विश्व में, जब हमने रामायण और महाभारत पढ़ना बंद कर दिया है (* मैकॉले शिक्षा के कारण हमने खुद को सिख, बौद्ध, जैन, वैश्य, शैव में अलग कर लिया है और धार्मिक विशिष्ट पाठ पढ़ रहे हैं), हममें से अधिकांश लोग इन महाकाव्यों में बताई गई गहराई को नहीं समझ रहे हैं, कि क्यों

वाल्मिकीजी के बाद, कालिदासजी ने उत्तर रामायण को जोड़ा, जहां उन्होंने सीता के जंगल में जाने का उल्लेख किया है (* हम सभी एक जंगल जैसी संरचना में रहते हैं और हमें अपने अस्तित्व के लिए लड़ना पड़ता है) यहां क्या वह यह बताने की कोशिश नहीं कर रहे हैं कि दो सबसे प्यारी आत्माओं के बीच जो दूरी पैदा हुई है वह उनके आसपास के लोगों के कारण है? इसलिए, जब रामायण और उत्तर रामायण होती है, तो महाभारत होना तय है, इसलिए रामायण सतयुग है और महाभारत कलयुग है।

ऐसा क्यों है कि हमने राम और सीता के केवल एक ही पहलू का अनुसरण करना शुरू कर दिया है, जो कि उनकी त्याग की भूमिका है, (लोकप्रिय मीडिया आउटलेट्स ने सीता की केवल त्याग करने वाली विनम्र भूमिका को ही बढ़ाया है) क्या ऐसा इसलिए है क्योंकि हमलावर हमसे यही चाहते थे ? राम और सीता की तरह? विनम्र, शांत और अपने पिता या अपने पति के खिलाफ अन्याय के खिलाफ नहीं बोलने वाली? क्या ग्रहस्थ आश्रम में चीजें आपके पक्ष में नहीं चल रही हैं तो सब कुछ छोड़ देना या जंगल में जाकर संन्यासी बन जाना ही सभी सांसारिक समस्याओं का समाधान है? राम स्वयं शिव के उपासक हैं, क्या वह केवल उनकी पूजा करते थे ? क्या शिव उनके आदर्श नहीं थे? शिव पहले योगी हैं, उन्होंने आदियोगी बनने के लिए पार्वती को नहीं छोड़ा, बल्कि उन्हें योग मंत्र सिखाए, लेकिन आज और जब से गौतम बुद्ध और महावीर स्वामी ने अपनी पत्नियों से शादी करने के बाद उन्हें छोड़ दिया, बौद्ध और जैनियों में से बहुत से लोग यह मानने लगे हैं कि मोक्ष केवल अकेले ही प्राप्त किया जा सकता है, या तो विवाह न करके या पत्नी को उसकी अनुमति के बिना छोड़ने के बाद (जैन धर्म में पत्नी को 'दीक्षा' समारोह के लिए अपने पति की अनुमति लेने की आवश्यकता होती है लेकिन पति को ऐसी अनुमति की आवश्यकता नहीं होती है?) भारत में एक समय ऐसा भी था जब दुख के जीवन से बचने के लिए कई लोगों ने ' ग्रहस्थ आश्रम' का त्याग कर दिया और 'चार आश्रम' का पूरा चक्र पूरा करने की आवश्यकता के

बिना भिक्षु बनने का चलन शुरू हो गया। क्या यही कारण था कि बौद्ध धर्म भारत में इतना नहीं फैल सका, जबकि अशोक ने इसे यहाँ लागू करने की पूरी कोशिश की थी? भारत की बड़ी आबादी आदियोगी शिव को अपना आदर्श (अनुयाई) मानती हैं, इसलिए, सत्रहवीं या अठारहवीं शताब्दी के अंत तक जैन मंदिर या गुरुदुरा नहीं मिलेंगे। ब्रिटिश/यूरोपीय लोगों के इस देश में आने और हमें धार्मिक आधार पर विभाजित करने की वजह से ही अलग-अलग संप्रदायों और पंथ के आधार पर अलग-अलग पूजा संस्थानों के निर्माण को प्रोत्साहित किया गया। 'भारतीय समाज' के बीच यह अलगाव और विभाजन इतनी बुरी तरह से व्याप्त हो गया है कि अब हर संप्रदाय और पंथ' खुद को अलग धार्मिक पहचान के माध्यम से देखना चाहते हैं। मैंने जैन समुदाय के कुछ लोगों के मौखिक दावों के बारे में सुना है कि यह विशेष प्राचीन शिव मंदिर वास्तव में एक जैन मंदिर है - मैं इन कुछ लोगों से सवाल करना चाहती हूं कि क्या ब्रिटिश साम्राज्य के दौरान या भारत के स्वतंत्र होने के बाद इन मौखिक दावों को कभी अदालत में चुनौती दी गई थी। ? यदि नहीं तो क्यों? क्या इसलिए कि इसका कभी कोई आधार नहीं रहेगा? चार दीवारों के भीतर शिव मंदिरों पर दबी जुबान से मौखिक दावे करना - क्या वे मानते हैं कि दबी दबी आवाज में इसे बार-बार दोहराने से शायद एक दिन यह सच हो जाएगा?

आज हम अज्ञानता और सीमित मानसिकता के प्रभाव में सबसे विधर्मी और पाखंडी को ही सबसे बड़ा धर्मगुरु और महात्मा मान बैठे है | उनके बताए सूक्ष्म ज्ञान को बह्रम ज्ञान मानकर, अंधभक्ति और आडम्बरो मे फस गए है। उपनिषद, वेद, पुराण को समय देने की बजाय, उन्हें पढ़ने की जगह पाखंडी और विधर्मी की अंधभक्ति कर रहे है - ऐसे पाखंडी और विधर्मी जो अपने आप को भगवान् का भी दर्जा दे चुके है - इन पाखण्डिओ के आगे लोग नतमस्तक हो रहे है । हमारे पूर्वजो द्वारा लिखित पुराण, वेद और उपनिषद जिनमे आपार ज्ञान समाया है, जो हमें भ्रमांड और परमात्मा से परिचय कराने कि आपार शक्ति और ज्ञान छुपाए है; उन्हें त्याग हम भौतिक तृष्णा, जो

एक स्वर्ण मृग के सामान है और अपने आलस्य के कारन, जल्दबाज़ी के कारण पाखण्डिओ से ज्ञान की उमीद कर बैठे है। यह पाखंडी जो अपने आप को धर्मगुरु यहाँ तक की भगवान् की भी उपाधि दे चुके है; किसी एक ग्रन्थ को पढ़कर, उनमे से एक बूँद के बारबार ज्ञान लोगो में बाँट देते है और बाकी अपने मतलब अनुसार छुपा लेते है याफिर उस भाग की चर्चा ही नहीं करते । यह सभी पाखंडी अपने चेलों के टोली के साथ ही घुमते है, या फिर बड़े से झुण्ड में सूक्ष्म ज्ञान को बघाड़ते दिखेंगे लकिन यह पाखंडी कभी भी खुले मंच पर किसी वाद-विवाद में भाग लेते नहीं दिखेंगे।

इन्ही पाखण्डिओ ने हमारे बीच रहकर हमारी ही लंका लगा दी है | कई बार माता-पिता ने भी मकौले एजुकेशन और अनदभक्ति के चक्रर्वियु में फस कर अपने ही समाज को खंडित कर दिया है। जयचंद द्वारा अपनी बेटी संयुक्ता जिसने अपने पिता के आदेश का उल्लंघन किया और पृथ्वीराज से विवाह करने का फैसला किया। जयचंद ने अपनी ही बेटी को स्वंवर करने के दंड स्वरुप मलिच्छ (खिलजी) को आमंत्रित कर पूरे देश को नरक बनाने में कोई कसर नहीं छोड़ी। क्या ऐसे कृत्यों ने 'सनातन' मातृसत्तात्मक सभ्यता के खिलाफ, अक्रान्ताओ द्वारा हमलों की बाढ़ नहीं ला दी?

राज पाठ का मोह, सोने के मृग के सामान है, तृष्णा के सामान है जिसकी चाह में हम बहुत कुछ व्यर्थ कर देते है। हमे अपना स्वरुप शिव की तरह रखना चाहिए, शिव- जो एक आदि योगी है -वे आदियोगी इसलिए बन पाए क्योकि उन्होंने किसी भी षड अपना संतुलन नहीं खोया, मोह जाल में नहीं फसे- जितना ज़रुरत है उतना प्रसन्न और जब ज़रूत है तब क्रोधित। पारवती जी के साथ सांसारिक जीवन बिना संतुलन खोये व्यतीत किया, एक सर्वश्रेष्ठ योगी के रूप में - यही हम सभी के लिए प्रेरणा दायक है यही हमारे सनातन सभ्यता की नीव है और इसलिए ही हमारे पूरे देश में दो ढाई हज़ार साल पूर्व सिर्फ शिव महालय ही होते थे -जब से हम शिव-शक्ति से दूर हुए और अलग अलग इष्ट देव की उपासना में बट गए -तो हम भी बिखरने लगे

- हमारी छोटी से छोटी परिवार की इकाई, पति और पत्नी एक दूसरे से दूर हो गए, हमारा समाज टूट गया और हमारा देश भी। हमे ऐसे धर्मगुरुओ से भी सावधान रहना होगा जो अपने अनुयाइयो की संख्या बढ़ने की चाहत मे, लोगो का धर्म विच्छेद कर रहे है। आज हमे शिव-शक्ति को वापस लाना होगा अगर हमे तालिबान नहीं राम राज्य चाहिए जहा सब खुश है और जहा पर ख़ुशी है वहाँ ही सभी कुछ समृद्ध और संपन्न हो सकता है तो हमे भी राम ही की तरह शिव-शक्ति का भक्त होना होगा।

मैं तो हूँ भारत की नारी

मैं तो हूँ भारत की नारी।
कोटि- कोटि से भारत पे वारि।।
मैं तो बहती गंगा की धारा।
शिव ने जिसको सर से तारा।।

किसमें ताकत मुझे रोक सके?
बहती धारा को बाँध सके?
जब- जब मेरा रौद्र रूप दिखे ।
क्या शिवालय क्या जंज़ीरे ।
रोक सके न पहाड़ न चट्टानने।।

मैं तो हूँ भारत की नारी।
मैं तो कल- कल झरने सी।
रूद्र विराट प्रतापी भी।
मैं पावन, मस्त पवन के झोके सी।
चंचल निर्मल जल जैसी।।

झूठे मान पर वार दी गई।
अभिमानो के आगे मार दी गई।
पापियों के पाप धोकर, मैं कैसे पापी हो गयी ?
ये कैसी साज़िश रच दी गयी ?

क्यों माँ क्यों बाबूजी ?
कैसे मैं पराया धन हो गयी ?

बहुत हुई ये रीत पराइ।
फटी मैली एक चादर सी।
क्यों ढकू छिपु? मैं नहीं गागर सी।
मैं तो गागर में सागर सी।
नहीं मैं अबला तबला नारी सी।
मैं तो रानी झाँसी सी।
मैं तो मस्त पवन के झोके सी।।

ये किसने साज़िश रची ?
जिसमे नारी पीस रही।
क्यों कन्या दान की रीत निभाई ?
क्यों नहीं कुंवर दान की रीत पराइ ?
मैं नहीं संपत्ति या पराया धन।
मैं तो कल - कल झरने सा पावन जल।
अपने बसेरे की मैं ही रानी।
इस जंगल रुपी जीवन में, मैं माँ शेरा वाली।।

कोई झूटी रीत नहीं जो बाँध सके।
झूटी शान के आगे झुका सके।
बहती धारा को बाँध सके।
जब -जब मेरा रौद्र रूप दिखे।
ना पहाड़ ना चट्टानें रोक सके।

मेरा निर्मम स्पर्श पाने से।
बहते जब मुझ निर्मम जल से।
बन जाते बनमानुष से पुरषोत्तम।
क्या पहाड़ क्या कंकर ?
बहते जब मुझ निर्मम जल से।
पूजे जाते जैसे शंकर।।

मैं तो हूँ भारत की नारी
रूद्र विराट प्रतापी भी।
मैं पावन मस्त पावन के झोके सी।
चंचल, निर्मल बहते जल जैसी।
मैं तो बहती गंगा की धरा।
शिव ने जिसको सर पे तारा।।

मत छीनो मेरा अभिमान।
मैं भी इस पुण्य धरती माँ की शान।
मैं तो हूँ भारत की नारी।
मैं तो कल- कल झरने सी।
रूद्र विराट प्रतापी भी।
मैं पावन, मस्त पवन के झोके सी।
चंचल निर्मल जल जैसी।।

मीनाक्षी जैन

भावार्थ: कविता के माध्यम से मैं समाज में उस असंतुलन पर सवाल उठाना चाहती हूं जो पुरुषों के पक्ष में बनाया गया है, इब्राहीम हमलावरों द्वारा सनातन समाज पर हमला करने के बाद जहां महिलाएं शक्तिशाली और प्रमुख पदों पर थीं। इसलिए, कविता के माध्यम से मैं यह पता लगाना और सवाल करना चाहती हूं कि जिस समाज ने स्त्री ऊर्जा को इतना महत्व दिया और उन्हें अपने समाज का एक महत्वपूर्ण हिस्सा स्वीकार किया, लेकिन अक्रान्ताओ ने महिलाओं का अवमूल्यन करना शुरू कर दिया और आज भारतीय समाज एक पितृसत्तात्मक समाज बन गया है। पश्चिमी मीडिया के प्रभाव के कारण जो महिलाओं को अपमानजनक तरीके से प्रस्तुत करता है, और यदि कोई महिला सफल होती है तो उसे हमेशा नकारात्मक रूप में प्रस्तुत किया जाता है। हालाँकि मैं पूरी तरह से समझती हूँ कि कुछ महिलाएँ 'श्रुपणखा' भी हैं जो पुरुषों को दर्द और उत्पीड़न का कारण बनती हैं, साथ ही हमें इस तथ्य को भी स्वीकार करना चाहिए कि यदि कोई ऐसा मामला है जहाँ महिलाएँ दोषी हैं तो इसे बढ़ा-चढ़ाकर पेश किया जाता है और कई मौकों पर पीड़ित महिलाओं को शर्मिंदा किया जाता है ।

इस तथ्य पर कोई सवाल क्यों नहीं उठाता कि कम से कम आधी आबादी होने और स्कूल/कॉलेज स्तर पर लड़कों की तुलना में सबसे ज्यादा अंक हासिल करने के बावजूद, जब कार्यबल की बात आती है तो महिलाएं 25-30% भी नहीं होती हैं। विशेषकर उच्च शक्तिशाली पदों पर। हम आम तौर पर महिलाओं को घर तक ही सीमित पाते हैं, बच्चों और बुजुर्गों की देखभाल करने वाले कामो में महिलाओ को ही देखते हैं और आजादी के पचहत्तर साल बाद भी पुरुषों को ज्यादातर सभी क्षेत्रों में शीर्ष पदों पर बैठे हुए देखते हैं? क्या समाज को इस अंतर पर सवाल नहीं उठाना चाहिए? आज यह प्रश्न पूछना बहुत प्रासंगिक है, क्योंकि भारतीय सभ्यता के लोकाचार में महिलाएं पुरुषों के समान ही महत्वपूर्ण स्थान रखती थीं, यदि अधिक नहीं। प्राचीन भारत के दौरान, महिलाओं ने जीवन के सभी क्षेत्रों में बहुत बड़ा योगदान दिया, चाहे वह विज्ञान हो, ललित कला हो, वाणिज्य हो, वे व्यापारी थीं, नाविक

थीं, राजनीतिक नेता थीं - गार्गी, मैत्री, लोपामुद्रा जैसी ऋषिकाएं/ विदुषी, ऐसे कई और उदाहरण हैं जहा प्राचीन वैदिक भारतीय समाज में महिलाओं को प्रमुख स्थान प्राप्त थे । इब्राहीम आक्रमणकारियों के लगातार हमलों के कारण इस प्रमुख स्थान को बहुत बड़ा झटका लगा, ये हमले मानसिक और शारीरिक दोनों थे, जो लगभग एक हजार वर्षों तक जारी रहे। प्रारंभ में यह शारीरिक हमले का सबसे क्रूर रूप था, आज और आजादी के बाद से हम मानसिक और मनोवैज्ञानिक हमले का क्रूर रूप देखते हैं जो मीडिया की मदद से किया जाता है।

जो लोग आज खुद को उदारवादी या नारीवादी कहते हैं, वे वास्तव में छद्म उदारवादी और छद्म-नारीवादी हैं, जो संदेशों के रूप में लिखित अंश, महिलाओं के खिलाफ अपमानजनक फिल्में और लैंगिक असमानता को उचित ठहराते हैं! महिलाओ को सोने का खोदनेवाला बताया जा रहा है!? यह आश्चर्य की बात नहीं है कि औपनिवेशिक व्यवस्था जो महिला सशक्तीकरण के खिलाफ थी, उन्हें छोटी-मोटी नौकरियों या घर में रहने के लिए मजबूर कर देती थी और किसी ने भी इस बारे में सवाल नहीं उठाया कि यह कैसे संभव है कि आजादी के 75 साल बाद और महिलाएं आबादी का 50% के करीब हैं, लेकिन जब नौकरी की बात आती है, तो वे बमुश्किल 15-20% हैं, चाहे वह इंजीनियरों, डॉक्टरों, न्यायपालिका, रसोइयों और होटलों में प्रबंधन के रूप में हों, जिनमें पुरुषों का वर्चस्व है, घरेलू कामकाज में महिलाओं का वर्चस्व है? दुनिया भर में पायलट पुरुष होते हैं और फ्लाइट होस्टेस आमतौर पर महिलाएं होती हैं? किंडरगार्टन, प्राइमरी और मिडिल स्कूल की शिक्षिकाओं में अधिकतर महिलाएँ हैं, लेकिन उच्च स्तर पर शिक्षकों के अधिकांश पद पुरुषों द्वारा लिए गए हैं? भारत में ऐसे बहुत से महान रानियों के उदाहरण हैं जो महान नेता, योद्धा और रणनीतिकार रही हैं, जैसे रानी लक्ष्मीबाई, रानी दिद्दा, रानी दुर्गावती और उनमें से अधिकांश ने विधवा होने के बावजूद कुशलतापूर्वक अपने साम्राज्य की कमान संभाली। इक्कीसवीं सदी में कैफे कॉफी डे के संस्थापक की पत्नी मालविका हेगड़े की विधवा का भी एक

महत्वपूर्ण उदाहरण है, जिन्होंने अपने पति की मृत्यु के बाद व्यवसाय को एक सफलता की कहानी में बदल दिया। भारतीय महिलाओं, विशेष रूप से योद्धा रानियों की इतनी उपलब्धियों के बावजूद, ब्रिटिश शासन के तहत महिलाओं को विशेष रूप से सेना और पुलिस से दूर रखा गया था और बाद में स्वतंत्रता के बाद भी यही प्रवृत्ति चली। महिलाओं को सशस्त्र बलों में प्रोत्साहित नहीं किया गया और उन्हें बहुत कम संख्या में शामिल किया गया, वह भी 1992 में छोटी सेवाओं के लिए, केवल 2022 में महिलाओं को राष्ट्रीय रक्षा अकादमी में प्रतिस्पर्धा करने की अनुमति दी गई और एक या दो साल में महिलाएं राष्ट्रीय रक्षा अकादमी में शामिल हो गईं। डिफेंस अकादमी, सेना के एक जनरल द्वारा महिलाओं में नेतृत्व की भूमिका पर सवाल उठाना अत्यधिक हतोत्साहित करने वाला है जो महिला कैडेटों के लिए पहले से ही अवांछनीय माहौल को पटरी से उतार देता है। इन सभी पहलुओं ने महिलाओं को बेहद हतोत्साहित करने वाले मंच पर रखा है। महिलाओं के प्रति यह हतोत्साहित करने वाली प्रवृत्ति लिंगानुपात में भी दिखाई देती है, जहां विशेष रूप से हरियाणा जैसे राज्यों में कन्या भ्रूण हत्या और भ्रूणहत्या के कारण पुरुषों की तुलना में महिला आबादी को नुकसान उठाना पड़ा है।

जो एक समय अत्यंत समृद्ध समाज था, जिसे अपार धन-संपदा के कारण 'सोने की चिड़िया' कहा जाता था। भारत इतना धन और समृद्धि एकत्र कर सका क्योंकि सभी के साथ समान व्यवहार किया गया और राष्ट्र की संपत्ति में समान रूप से योगदान दिया गया। हम कह सकते हैं कि सिकंदर के आक्रमण के बाद पुरुष प्रभुत्व ने अपनी स्पष्टता दिखानी शुरू कर दी, हालाँकि वह बल के माध्यम से भारत को जीतने में सफल नहीं हो सका, उसने भारत में प्रवेश करने के लिए अपने जासूस भेजे। अलेक्जेंडर के हमले के बाद ही मौर्य राजवंश की स्थापना हुई, जहां मुझे लगता है कि महिलाओं की स्थिति को झटका लगा, क्योंकि सिंहासन के लिए, रानी से एक पुरुष उत्तराधिकारी की उम्मीद की जाती थी। यह वह समय भी था जब 'बौद्ध धर्म और जैन धर्म

प्रमुखता से उभरे, जिसमें केवल पुरुष को ही भगवान के रूप में देखा जाता था।' मौर्य राजवंश ने भारत को केवल तीन पीढ़ियों तक एकीकृत किया - चंद्रगुप्त, बिन्दुसार और अशोक। चन्द्रगुप्त जैन भिक्षु बन गये और अशोक ने बौद्ध धर्म अपना लिया। अशोक के बाद न केवल "मौर्य वंश" का विघटन हुआ बल्कि इसके कारण भारत का भी विघटन हुआ क्योंकि 'लिंग-समानता' का मूल दर्शन एक प्रकार से उखड़ गया। 'अहिंसा' की उथली और संकीर्ण अवधारणा ने इस समय अपनी जड़ें जमा लीं और इब्राहीम हमले के लिए मार्ग प्रशस्त किया।

भारत का मातृसत्तात्मक समाज से पितृसत्तात्मक समाज में बदलाव यूरोपीय और इब्राहीम हमलों के कारण हुआ, जिसके निशान लगभग 2500 साल से भी पहले के हैं, जब अलेक्जेंडर ने भारत पर कब्जा करने की कोशिश की थी, लेकिन बलपूर्वक प्रवेश नहीं कर सका, इसलिए उसने अपने सैनिक भेजे/ जासूसों ने आम लोगों के भेष में भारतीय समाज में घुसपैठ की, हमारी जासूसी की और हमें तोड़ने के तरीके के बारे में जानकारी इकट्ठा की और कौतलिया ने एक मौर्य साम्राज्य की स्थापना की यूरोपीय साम्राज्य में से (हेलेना- एक ग्रीक राजकुमारी) का विवाह चन्द्रगुप्त से हुआ था। ये यूरोपीय नागरिक, हालांकि सनातन समाज का एक छोटा सा हिस्सा थे, उन्होंने ही सनातन समाज में दरारें पैदा करने की नींव रखी थी| भारत में लिंग समानता थी, चाहे पुरुष हो, महिला हो या ट्रांस सभी को समान माना जाता था, वास्तव में ट्रांस को उच्च स्तर पर रखा गया था। तथ्य यह है कि उनमें मर्दाना और स्त्रैण दोनों पहलू थे और इसलिए वे दोनों को बेहतर ढंग से समझते थे। महिला ऊर्जा को भी उच्च स्तर पर रखा गया क्योंकि वे सनातन लोकाचार को आगे बढ़ाने के लिए भावी पीढ़ियों की निर्माता थीं। लेकिन जब इन यूरोपीय नागरिकों ने हमारे समाज में प्रवेश किया तो उन्होंने सनातन समाज को अपने पिछड़े अतार्किक रीति-रिवाजों जैसे बाल विवाह, डायन-बिसाही जैसे यूरोपीय समाज में प्रचलित पिछड़ेपन से विभाजित करना शुरू कर दिया। एक समृद्ध और सुविज्ञ समाज में धीरे-धीरे पैर जमाना शुरू कर दिया। यह

शुरुआत में कुछ लोगों का लालच और स्वार्थ था, जिन्होंने इन पिछड़ेपन और रीति-रिवाजों को स्वीकार कर लिया और स्वार्थी लाभ के लिए उनका उपयोग और हेरफेर करना शुरू कर दिया, जिसका सबसे खराब स्नोबॉल/हिमस्खलन जैसा प्रभाव पड़ा । इस चरण में ही हमने गौतम बुद्ध और महावीर जैसे धर्म गुरुओं का उदय देखा, जिन्हें महात्मा भी कहा जाता है, जिन्होंने वैदिक/सनातन जीवन शैली को स्वीकार करने से इनकार कर दिया और उपनिषद को अस्वीकार कर दिया। इसी कारण से भारत में अधिकांश लोगों ने बौद्ध धर्म को अस्वीकार कर दिया और अशोक इसे केवल भारत से बाहर ही फैला सके, भले ही अशोक ने कलिंग युद्ध से पहले बौद्ध धर्म अपना लिया और इसे भारत में फैलाने का प्रयास किया। कलिंग के लोगों ने बौद्ध धर्म अपनाने के लिए झुकने की बजाय अशोक के खिलाफ लड़ना पसंद किया। और जहां तक जैन धर्म की बात है-18वीं शताब्दी तक और यहां तक कि आज भी कई लोगों द्वारा इसे कभी भी सनातन से अलग धर्म नहीं माना गया। महावीर के बारे में जो बहुत सी लिखित सामग्री मिलती है उनमें गौतम बुद्ध से बहुत समानताएं हैं- जन्म स्थान (दोनों नेपाल), दोनों राजकुमार थे, दोनों ने विवाह के उपरांत अपनी पत्नियों को छोड़ दिया था। जैन ग्रंथ (जिनवाणी) और ज्यातातर जैन मंदिर भी 18वीं शताब्दी में बने। लोगों ने अपना अंतिम नाम जैन भी इसी समय लिखना शुरू कर दिया क्योंकि ब्रिटिश (यूरोपीय) इस समाज को बुरी तरह खंडित और विभाजित करने के लिए हर तरह के औजारों और तकनीक का इस्तेमाल कर रहे थे। लोगों को अपना अंतिम नाम लिखने के लिए मजबूर करते समय उनका लक्ष्य हमारे समाज को जाति, संप्रदाय, लिंग और धर्म में दीर्घकालिक विघटन के साथ-साथ पाठशालाओं में सनातन शिक्षा प्रणाली को समाप्त करना चाहते थे | समाज को तोड़ने के साथ-साथ समाज को निपटने के लिए के लिए ब्रिटिश औपनिवेशिको ने महत्वपूर्ण डेटा और जानकारी एकत्र की । इस समाज को लगातार तोड़ने के लिए लालच से ग्रस्त लोगों की पहचान की जाती थी और चुने गए, फिर उन्हें अच्छा भुगतान किया जाता था। अंग्रेजों ने प्राचीन भारतीय शिक्षा प्रणाली पर प्रतिबंध लगा

दिया, इसके साथ ही भारतीय शिक्षा प्रणाली का अभिन्न अंग "रामायण" और महाभारत जैसे पाठ गायब हो गए । नई मैकॉले शिक्षा प्रणाली में बच्चे को केवल पिता के नाम के साथ नामांकित करने की आवश्यकता थी, बच्चे के अंतिम नाम पर भी जोर दिया गया, जो भविष्य में भारतीय समाज को जाति, धर्म/संप्रदायों (जैन, सिख, बौद्ध) और लैंगिक भेदभाव में विभाजित करने की नींव रख रहा था। यह अंग्रेज ही थे जिन्होंने सत्ता के लिए भारत के लोगों को अलग-अलग जाति और धर्म में विभाजित रखा, आज भी यह राजनीतिक शक्ति के लिए ही है - स्वतंत्रता के बाद कई राजनेता राजनीती चमकाने के लिए लोगों को जाति, धार्मिक और लिंग विभाजन में उलझा कर रखना चाहते हैं। यह मैकाले की शिक्षा ही थी जिसने इस देश के लोगों में विचारों और कार्यों में पिछड़ेपन, विश्वासों, रीति-रिवाजों में पिछड़ेपन और पंथ के लोगों के अंधे अनुसरण का मार्ग प्रशस्त किया। मैकाले शिक्षा के माध्यम से लोगों को मानसिक रूप से उपनिवेशित किया गया। इसकी शुरुआत लोगों के मानसिक उपनिवेशीकरण से हुई, फिर शारीरिक उपनिवेशीकरण हुआ और आज 20वीं शताब्दी में मैकाले की शिक्षा के कारण अधिकांश भारतीय मानसिक रूप से उपनिवेशित अवस्था में रह रहे हैं, पश्चिम की नकल कर रहे हैं और इस बात का इंतजार कर रहे हैं थे कि कोई और उन्हें उस अवस्था से बाहर निकाल सके। यह मानसिक रूप से उपनिवेशित स्थिति तब शुरू हुई जब महमूद गजनी ने सोमनाथ पर हमला किया, हजारों की संख्या में वहां मौजूद तीर्थयात्री इस बात का इंतजार करते रहे कि कोई और उनके लिए लड़ेगा या उनकी रक्षा करेगा, क्योंकि अधिकांश लोग 'अहिंसा परमो धर्म' या अहिंसा में अत्यधिक विश्वास रखते थे। इन तीर्थयात्रियों ने एकमात्र ध्यान और भिक्षा का मार्ग चुना था, इस मानसिकता के कारण-अपनी या अपने राष्ट्र की रक्षा के लिए आक्रमणकारी के खिलाफ लड़ने के बजाय उन्होंने अपने जीवन का बलिदान देना अधिक उचित समझा! आज 20वीं सदी में हम फिर से उसी स्थिति में हैं, जब हम खुद को जन्म और मृत्यु के चक्र से ऊपर उठाने के लिए 'भगवद्गीता या उपनिषद' जैसे ग्रंथो को पढ़ने के प्रयास करने के बजाय, अनुष्ठानों

का अंधाधुंध पालन करते हैं और स्व-घोषित गुरुओं को सुनते हैं। यह अंधापन राष्ट्र कि मृत्यु को कारक बनता हैं ।

अमेरिका और यूरोप सहित सभी पश्चिमी समाजों में तथाकथित विकास मॉडल चंद लोगों के, कमजोरों विशेषकर महिलाओं पर होने वाले अत्याचारों पर आधारित था। मूल लिंग विभाजन को हल करने के बजाय वे एलजीबीटीक्यू जैसे उपकरणों के साथ लोगों को भ्रमित करने की कोशिश करते हैं! वास्तव में मूल समस्या का समाधान कभी नहीं हुआ। प्राचीन भारतीय सभ्यता ही एकमात्र ऐसा समाज था जो लैंगिक समानता में विश्वास करता था, इसीलिए यह इतना समृद्ध बना। ज्ञानवान स्त्री में अपार शक्ति होती है, यदि वह इस शक्ति का सही उपयोग करे तो वह सशक्त एवं योग्य नागरिकों का निर्माण कर सकती है और जब यह अपार शक्ति पुरुष की समान रूप से सशक्त एवं बुद्धिमान शक्ति के साथ मिलती है तो वह अनंत शक्ति का स्रोत बन जाती है, जिससे अद्‌भुत एवं अलौकिक समाज उत्पन्न होते हैं। शिव-शक्ति के माध्यम से यही दर्शाया गया है। इसीलिए आदर्श पति-पत्नी का रिश्ता शिव-शक्ति का माना जाता है। और पत्नी को 'अर्धांगनी' या 'आधांग' माना जाता है - जिसका अर्थ है कि पति और पत्नी एक ही व्यक्ति हैं और वह एक समान आधा है, पट्टेदार या बेहतर आधा नहीं है! पति और पत्नी एक-दूसरे के पूरक हैं, दूसरे शब्दों में कहें तो दोनों एक-दूसरे के पूरक हैं और एक-दूसरे के प्रतिस्पर्धाक नहीं है । 'पूरक' के रूप में वे ('बुद्धि'/ गणेश) नई पीढ़ी को इस संसार में लाते है (बढ़ाते हैं) और समृद्ध, मजबूत भविष्यवादी समाज की नींव रखते हैं।

हमारे ऋषियों का दर्शन- 'यदा पूजेयते' नारी-तदा रामयते देवता'! अर्थ- केवल वही परिवार और समाज समृद्ध होता है जहां महिलाओं का सम्मान होता है!

WHAT IS DEMOCRACY? WHY DEMOCRACY?

[1]

[1] NCERT, Democratic Politics-1, Text book in Political Science for Class IX

लोकतंत्र का नग्न नृत्य।

लोकतंत्र के नाम पर हम कहां आ गए हैं?

जहां सही गलत है और गलत सही है !

जहां लोगों के दिमाग को लकवा मार गया है,

निरंतर मीडिया अनुमानों के साथ। बोलने और अभिव्यक्ति की आजादी के नाम पर।

मोब लिंचिंग, नर्मदा आंदोलन, सबरीमाला का विरोध, निजी मतलब के लिए किया जा रहा है |

लोकतंत्र के लिए इस नग्न नृत्य में हम कहां आ गए हैं?

जहां सही गलत है और गलत सही है !

ओह! मनुष्य कृपया सावधान रहें, अपने चारों ओर देखें।

इन उपनिवेशवादियों ने लोकतंत्र के नाम पर क्या किया है?

जहां सही को गलत और गलत को सही ठहराया जा रहा है !

मीडिया के मंचित दृश्यों से अपने दिमाग को मत बांधो,

अपनी सोचने की शक्ति यानि अपना दिमाग, अपना तीसरा नेत्र की विकिपीडिया खोलो।

अफ्रीका, चेचन्या, वेनेजुएला श्रीलंका और बांग्लादेश में क्या हुआ था?

क्या उत्तर अमेरिका या पश्चिम यूरोप में कोई अंतर है?

उपनिवेशवादी फिर से हमारी जमीन हासिल कर रहे हैं, हमारे दिमाग पर हावी हो रहे है ! मीडिया के मंचित दृश्य के साथ,

पहले हमारी जमीन पर नियंत्रित किया अब हमारा दिमाग भी नियंत्रित कर रहे है ।

अपनी सोचने की शक्ति यानि अपना दिमाग, अपना तीसरा नेत्र की विकिपीडिया खोलो।

मानवजाति के पास विश्लेषण करने की शक्ति है,

लोकतंत्र के नाम पर कुतर्क मत करो।

और सही को गलत और गलत को सही मत ठहराओ ।।

भावार्थ- भारतीय समाज वास्तव में एक लोकतांत्रिक समाज है, लोकतांत्रिक लोकाचार हमारे समाज में समाहित है। भारतीय समाज सबसे सभ्य समाज था जिसने ' समिति ' और 'सभा' की संकल्पना विकसित की जो खुली सभा में अपना नेता या राजा चुनते थे। राजा या नेता को लोगों की सभा द्वारा चुना जाता था, पुरुष उत्तराधिकारी या पिता के बाद पुत्र के सिंहासन पर बैठने की प्रणाली संभवतः मौर्य राजवंश के बाद लोकप्रिय हो गई। यूरोपीय उपनिवेशवादियों के चले जाने के बाद, उन्होंने लोकतंत्र के अपने समरूप संस्करण का प्रचार करने का प्रयास किया। इन औपनिवेशिक देशों ने वास्तव में विजित भूमि पर अपनी शासन शैली को लागू करने के लिए सिर्फ "लोकतंत्र" शब्द का इस्तेमाल किया और विश्व युद्ध के बाद के युग में लोकतंत्र की स्थापना की आड़ में अन्य भूमि पर युद्ध छेड़ दिया। लेकिन मकसद एक ही था आर्थिक लूट - भूमि पर कब्जा करना और उसके साथ उसके संसाधन। ये औपनिवेशिक देश खुद लोकतांत्रिक नहीं हैं और अपने ही समाज में अपने नागरिकों को जाति, वर्ग और लिंग के आधार पर अलग-थलग रखने के लिए विभिन्न साधनों का इस्तेमाल करते हैं। कुछ उच्च पद ऐसे हैं जो अछूत हैं और किसी खास जाति, संप्रदाय और लिंग के व्यक्ति द्वारा उनकी आकांक्षा नहीं की जा सकती।

दशकों के औपनिवेशिक शासन और मैकाले शिक्षा प्रणाली के कारण आज हम लोकतंत्र की वास्तविक प्रासंगिकता को भूल गए हैं और एक समाज के रूप में खुद को केवल धर्म और जाति में विभाजित कर रहे

हैं जिसे अंग्रेजों ने बनाया था, ताकि वे खंडित भारतीय समाज पर शासन कर सकें। शूद्र, ब्राह्मण आदि वर्ण व्यवस्था है जो कौशल और व्यवसाय पर आधारित है, दूसरे आश्रम हैं, जिनमें औसत जीवन काल सौ वर्ष माना गया । इनमे चार विभिन्न आश्रम हैं और हरएक आश्रमों को औसतः पच्चीस वर्षों में विभाजित किया गया, जिसने कोई ज्ञान/कौशल हासिल नहीं किया उसे शूद्र कहा जाता था, जब किसी ने शून्य के बिंदु पर अपनी सीखने की यात्रा शुरू की तो वे शूद्र कि श्रेणी में रखे गए, यही कारण है कि भारत में पाठशालाओं के ब्रिटिश रिकॉर्ड के अनुसार 70% शूद्र थे और 20% -30% ब्राह्मण थे, क्योंकि सभी ने शूद्र के रूप में शुरुआत की लेकिन उनमें से केवल कुछ ही ब्राह्मण बने जिन्होने वेद, पुराण, उपनिषद का अध्ययन पूरा किया। अगर हम आज के समय से तुलना करें तो ब्राह्मण एक P.HD डिग्री की तरह समझा जा सकता है, जो एक व्यक्ति को अपनी पूरी शिक्षा पूरी करने के बाद मिलती थी। वर्ण व्यवस्था में कोई पदानुक्रम नहीं था जैसा कि एनसीईआरटी की पाठ्यपुस्तकों में या अंग्रेजों द्वारा प्रस्तुत किया गया था। यूरोप में जाति और वर्ग व्यवस्था थी (यूरोप की वार्ना व्यवस्था में राजा और पादरी शीर्ष जाति, फिर कुलीन थे, उनके बाद सैनिक और व्यापारी तथा अंत में श्रमिक और किसान आते थे), जिसका या तो गलत तरीके से, या जानबूझकर भारत कि वर्ण व्यवस्था से जोड़कर, भारत को विभाजित करने के लिए उपयोग किया गया।

चार आश्रमों में ब्रह्मचारी, फिर ग्रेस्थ, वानप्रस्थ और अंत में संन्यास.... और आप मोक्ष प्राप्त कर पाएंगे या नहीं? यह इस पर निर्भर करेगा कि आपने अपने पिछले आश्रमों में कैसे जीवन बिताया है, हालांकि यहां बड़ा सवाल यह है कि मोक्ष क्या है और दूसरा समान रूप से महत्वपूर्ण प्रश्न -यह कौन तय करता है कि मोक्ष किसने प्राप्त किया है?

<u>ऋषि और मुनि</u>- जब कोई अपना गृहस्थ आश्रम पूरा कर लेता है तो वह वानप्रस्थ की अपनी अगली यात्रा शुरू कर देता है - जीवन के विभिन्न पहलुओं के बारे में शोध करने वाले ऋषियों का चरण, इस समय के दौरान ऋषियों ने विभिन्न दार्शनिक योगदान और वैज्ञानिक

खोजें कीं, जैसे भगवतगीता, रामायण, आयुर्वेद पर, विमान विज्ञान, चिकित्सा विज्ञान (चरक) शल्य चिकित्सा (सुश्रुत)|

ऋषि के बाद अगला चरण है मुनि, एक ऐसा चरण जहां अपना बहुमूल्य योगदान देने के बाद आप स्वतंत्र महसूस करते हैं और मोक्ष प्राप्त करते हैं, हालाँकि, मोक्ष के उस अंतिम चरण को प्राप्त करने के लिए, यह सलाह दी जाती है और सुझाव दिया जाता है कि व्यक्ति को बिना किसी आश्रमों को छोड़े सभी आश्रमों से गुजरना चाहिए, क्योंकि शॉर्टकट मोक्ष की ओर नहीं ले जा सकता। संन्यास अंतिम चरण हैं, गृहस्थ के सक्रिय जीवन से पीछे हटना यानि पारिवारिक मामलों में बहुत अधिक शामिल ना होना। संन्यास अवस्था के दौरान व्यक्ति अपने कार्बन पदचिह्नों के बारे में जागरूक होने का प्रयास करता है और निस्वार्थ भाव से समाज के प्रति सकारात्मक योगदान देने का प्रयास करता है।आपके बहुमूल्य योगदान के बाद जब आप अंततः बैठ जाते हैं और आराम करते हैं (ध्यान करते हैं).... यही सच्चा आनंद है और सच्ची मुक्ति है.......

[2]

[2] https://www.google.com/search?sca_esv=f65d9110a0398786&sxsrf=AHTn8zqyfObexgoSbLCg1xWAEC5ro514FA:1743414779974&q=Demon&udm=2&fbs=ABzOT_CWdhQLP1FcmU5B0fn3xuWpA-dk4wpBWOGsoR7DG5zJBkzPWUS0OtApxR2914vrjk7XZXfnfKsaRZouQANLhmphNyg6d7jx9WIegRytfuMfNwBSLAX8WsvrJKa122pJHULT0QMGk7davBushgHE-NJ8R4p9DV6GYGihF5A7HWiF02GLdfHfWuN_Ee3mbhYmzxvktglrZPO0v8t1dJNtsIfjcKjBYw&sa=X&ved=2ahUKEwij_5-VhrSMAxXQzzgGHUe9L9AQtKgLegQIFBAB&biw=1517&bih=712&dpr=0.9#vhid=P_hrYJYvorBhBM&vssid=mosaic

भारतीय मीडिया

ओह! प्रिय भगवान, कृपया मुझे इस मीडिया से बचाएं,

इसकी ब्रेकिंग न्यूज मेरे सिर को तोड़ रही है और स्मृतिलोप का कारण बन रही है।

जब भी आप टेलीविजन चालू करते हैं, तो आप निर्णय लेने के लिए मजबूर हो जाते हैं।

क्या यह शैम्पू बेहतर है या मुझे अपना वाइटनिंग लोशन बदलना चाहिए?

ओह! मीडिया आपने हमें जीवन के इतने महत्वपूर्ण विषय विचार करने के लिए दिए हैं,

पेज 3 के शहर में नवीनतम गपशप और नवीनतम स्टार पावर चालू है।

शहर में उनके बीएफएफ, मेहंदी, संगीत और शादी समारोह की चर्चा,

ओह! क्या मुझे वास्तव में वह गोरा करने वाला लोशन चाहिए ?

बस यही मुद्दे जिंदगी जीने के लिए ज़रूरी है? बाकी सब तो अप्रासंगिक विषय हैं ?

वाणी एवं अभिव्यक्ति की स्वतंत्रता के नाम पर,

मंचित दृश्य और उनका सनसनीखेजीकरण।

ओह! मीडिया और उनके, शीर्ष पर, स्पष्ट निर्णय करने वाले, समाचार एंकर,

वे स्वयं भी अपराधियों या मसखरों से कम नहीं हैं।

अरे! सावधान रहें मिस्टर कॉप /पुलिस आप कहां पेशाब कर रहे हैं ?
अब आप 'वर्दीधारी दुष्ट' की उपाधि मीडिया के साथ शेयर कर रहे है क्या ?
अभी के लिए! यह मीडिया और उसके आकर्षक समाचार एंकर प्रचलन में हैं,
इसलिए! मिस्टर कॉप, वर्दी वाला गुंडे से सावधान रहें।
यह उपाधि अब सातवें चंद्रमा से भी ऊंची उड़ान भरने वाले रोलिंग कैमरे वाले व्यक्ति की है।

मैं वास्तव में नहीं जानती कि सुनने के लिए किस समाचार पर भरोसा करना चाहिए या किस चैनल पर जाना चाहिए,
ये सभी मीडिया के भेड़िये वही पुराना राग अलाप रहे हैं।

ओह! प्रिय भगवान, कृपया मुझे इस मीडिया से बचाएं,
इसकी ब्रेकिंग न्यूज मेरे सिर को तोड़ रही है और स्मृतिलोप का कारण बन रही है।

भावार्थ - इस कविता के माध्यम से मैंने यह समझाने कि कोशिश कि है कि कैसे मीडिया, विशेष रूप से पश्चिमी अंग्रेजी किताबें, टीवी, सिनेमा, थिएटर नव उपनिवेशीकरण का एक उपकरण है जो कैंसिल संस्कृति के पैटर्न को दर्शाता है और दुनिया भर में विविधता और लोकतंत्र के विनाश के लिए जिम्मेदार है। पुलिस, नौकरशाही और लोकप्रिय मीडिया (अखबार किताबें, पत्रिकाएं, रेडियो, टेलीविजन और प्रिंट मीडिया उपनिवेशवादियों के सबसे महत्वपूर्ण उपकरण थे जो उपनिवेशवादियों द्वारा बनाए गए थे और कुछ संदेश और अवधारणाओं को फैलाने के लिए बहुत सख्त नियंत्रण में रखे गए थे जो उपनिवेशवादियों के हित में थे और उपनिवेशवादियों के अनुकूल

थे)। भारतीयों में से केवल उन्हीं लोगों को अंग्रेजों ने पुलिस और नौकरशाही के लिए चुना, जो वफादार और ब्रिटिश चापलूस थे, कई वर्षों तक और आजादी के बाद भी भारत में कई पुलिस और नौकरशाही अभी भी उसी मानसिकता के साथ काम कर रही है, आम जनता को परेशान करना और बड़े पैमाने पर भ्रष्टाचार में लुप्त है। इस तथ्य के कारण यह भी है कि उनके मिलॉर्ड्स की विचारधारा नहीं बदली, यह सिर्फ यूरोपीय से भूरे अंग्रेज (भ्रष्ट राजनेता) में बदल गई थी। भ्रष्ट आकाओं के ऐसे नेतृत्व में यह भ्रष्ट पुलिस और नौकरशाही तंत्र तक पहुंच गया। समाचार संवाददाताओं के साथ-साथ पुलिस भी अपराधियों, अवैध आप्रवासियों की बस्तियों, जहां से वे प्रवेश करते हैं, के बारे में बहुत जागरूक और पूरी तरह से सूचित हैं, कि वे कौन हैं, कहा से आये है ! लेकिन यह सारी जानकारी बेचने के लिए है, और ऐसे भ्रष्ट राजनेता हैं जो इस जानकारी का उपयोग या तो बाहुबल बनाए रखने और उसका इस्तेमाल वोट बैंक की राजनीति के लिए करते हैं।

मीडिया विशेषकर सोशल मीडिया प्लेटफॉर्म वर्तमान समय के मनोवैज्ञानिक युद्ध के सबसे खतरनाक हथियार हैं।

3

4

[3] https://www.google.com/search?q=spring

[4] https://www.google.com/search?q=spring+season

मुझे बसंत ऋतु पसंद है

मुझे बसंत ऋतु बहुत पसंद है जब सभी पक्षी गाते हैं।

यह सर्दियों के बाद आती है जब सूरज चमकीला होता है।

इससे मुस्कुराहट और हँसी आती है।

सभी डाली और क्यारी फूलो से खिल जाते हैं, जो उदासी और बेचैनी को दूर भागते हैं।

पक्षी और फूलो की मुस्कराहट देख, मुझे गाने और नाचने का मन करता है,

पेड़ों पर पक्षी चहचहा रहे हैं,

हर किसी का जोश आसमान छू रहा है.

मुझे बसंत ऋतु बहुत पसंद है जब सभी पक्षी गाते हैं।

हर कोई नाचता गाता बाहर आता है,

तुम भी चार दीवारों और अंधकार में मत बैठो,

बाहर आ जाओ और भगवान के रंगीन कारीगरी का आनंद लो ।

कृत्रिम धुएँ के परदे के पीछे मत छिपो, टीवी और मीडिया के मकड़ जाल में मत फॅसो |

भगवान का सुंदर कैनवास कितना शुद्ध और स्वच्छ है।

इस आनंद को जटिल मत बनाओ,

धुंध में धूमिल मत हो जाओ, धुंद से बहार निकलो और आनंद लेना सीखो ।

सरल नियमों से जीवन जियो,

प्रेम, जीवन और हँसी सुनहरे नियम हैं।

तो, बाहर आएं और भगवान के रंगीन कारीगरी का आनंद लें।

गिरे हुए मट्ठे पर उदासीनता में समय न गँवाएँ, रायता न फेलाये ।
स्वप्न देखने और बुनने का समय, बेखौफ जीने का समय
सभी फूल पूरी तरह खिले हुए हैं, जो उदासी और बेचैनी को दूर कर रहे हैं।
मुझे बसंत ऋतु बहुत पसंद है जब सभी पक्षी गाते हैं।

भावार्थ- यदि कोई अपनी जीवनशैली में बाधाओं और नकारात्मक लोगो को प्रवेश न करने दे, या नकारात्मक लोगों से दूर रहना सीख ले, तो जीवन हर दिन, हर षण बसंत ऋतु की तरह हो जाएगा। भगवान ने हमारे लिए इतनी विविधता और प्रचुरता से भरपूर चीजें बनाईं है। ईश्वर ने जो कुछ भी बनाया है वह ईश्वर की सभी संतानों को बिना किसी भेदभाव के निःशुल्क उपलब्ध है। प्रकृति में उपलब्ध हर चीज़ अमूल्य और शुद्ध है। सूर्य की रोशनी सभी को समान रूप से उपलब्ध है और पानी तथा हवा भी। जब भी हम प्रकृति की गोद में होते हैं तो यह स्वतः ही हमें प्रफुल्लित कर देती है जैसे रोते और परेशान बच्चे के लिए माँ की गोद, इसलिए यह महत्वपूर्ण है कि हम रोजाना प्रकृति के साथ समय बिताएं और खाना पकाने और बागबानी जैसे शौक विकसित करें और सामाजिक गतिविधियों जैसे लोगो से मिले, बाते करे हर दिन कम से कम एक बार भोजन पकाएं। सोशल मीडिया या किसी भी प्रकार की मीडिया पर एक घंटे से अधिक समय ना बिताएं। रोजमर्रा के कामों की एकरसता को तोड़ने के लिए नियमित अंतराल पर छोटी और लंबी यात्राओं पर जाना भी उतना ही महत्वपूर्ण है, कभी-कभी एक छोटी छुट्टी और कभी-कभी लंबी आरामदेह और शांतिपूर्ण छुट्टी। किसी नई जगह पर जाना और दिनचर्या में बदलाव से जीवन में नया दृष्टिकोण लाने में मदद मिलती है। दैनिक आधार पर हम अपने दिमाग में बहुत अधिक अव्यवस्था जमा करते हैं - जो निश्चित रूप से हमारे तनाव का कारण बनती है और अंततः यह हमारे स्वास्थ्य पर बुरा

प्रभाव डालेगी, इसलिए यह महत्वपूर्ण है कि चीजों को जाने दें और सबसे महत्वपूर्ण रूप से खुद को समय दें - बस प्रकृति के साथ रहें - अपने आप को फूलों, जानवरों के साथ घेरें- बस तैरते बादलों को निहारना, या किसी प्रिय मित्र के साथ रात के आकाश को निहारना, बहुत सारा तनाव दूर करने में मदद करता है। और यदि हम तनाव मुक्त हैं तो हम एक सुखी, शांतिपूर्ण और संतुष्ट जीवन जी सकते हैं।

जीवन में मेरा आदर्श वाक्य - सीखें, भूलें, पुनः सीखें और दोहराएं - वर्षों से मुझे यह एहसास हुआ है कि जीवन बसंत के एक सुंदर बगीचे में बदल सकता है, अगर हम इसे सकारात्मक विचारों के साथ विकसित करने और पोषित करने के लिए निरंतर प्रयास करें। यह सकारात्मक विचार ही है जो व्यक्ति को जीवन में खुश एवं सूखी रखता है। एक खुशहाल जीवन जीने के लिए कुछ अवधारणाओं को भूलना महत्वपूर्ण है जो वर्तमान समय के लिए प्रासंगिक नहीं हैं, भूलने के बाद व्यक्ति को खुद को नई शिक्षा के साथ ढालने की आवश्यकता होती है। सीखने, भूलने और फिर से सीखने का चक्र निरंतर चलता रहता है, जिसे तब तक दोहराया जाना चाहिए जब तक हम जीवित और सक्रिय हैं। सीखने और भूलने का यह चक्र ही हमारे मन और हृदय को हमेशा युवा बनाए रखेगा। जब हमारा हृदय और मन युवा और प्रसन्न महसूस करते हैं, तो हम आसानी से अपने आस-पास से नकारात्मक विचारों और नकारात्मक लोगों से बचना सीख सकते हैं - यह वैराग्य के साथ लगाव की सच्ची कला है।

जब हम अपना जीवन अंतिम सांस तक जीवंतता और जोश के साथ जीते हैं, तभी हम इस बसंत रुपी जीवन में अपनी सुगंध छोड़ सकते हैं- धर्म, करुणा और साहस की सुगंध................

निष्कर्ष:

इस पुस्तक के माध्यम से मैंने अपने जीवन के दृष्टिकोण को साझा करने का प्रयास किया है जो मैंने भारत और विदेशों में अपनी 50 वर्षों (भारत और यूरोप में रहना, अमेरिका, अफ्रीका, मध्य पूर्व और दक्षिण पूर्व एशिया की यात्रा) के दौरान अनुभव किया है। भारत और यूरोप में रहने और दुनिया भर में यात्रा करने से मुझे जीवन में मूल्यवान दृष्टि प्राप्त करने में मदद मिली। यह एक 'पेंडोरा बॉक्स' की तरह जीवन का एक 'कैलिडोस्कोप' था जीवन के इस विशालकाय तजुर्बे ने मुझे एक इंसान के रूप में साकारात्मक जीवन जीने का आलोकिक दृश्टिकोण समझने में सहायक साबित हुआ और सकारात्मक जीवन जीने का प्रयास अभी भी जारी है। जीवन, आत्मा, परमात्मा और इस सृस्टि के समक्ष मेरा छोटा सा जीवन एक बिंदु मात्र है। अगर में अपनी इस पुस्तक के माध्यम से किसी भी एक पुण्यात्मा के जीवन में सकारात्मक परिवर्तन ला सकू तो में अपने आप को सौभाग्यशाली समझुगी।

सनातन संस्कृति में 'धर्म' का संपूर्ण विचार एक व्यक्ति को खुले विचारों वाला, सहिष्णु और स्वीकार करने वाला विकसित प्राणी बनाना है। इसलिए, 'सनातन धर्म' ने कठोरता को अस्वीकार कर दिया क्योंकि उसका मानना था कि प्रत्येक व्यक्ति एक 'दिव्य प्राणी' है और सभी का स्वागत 'नमस्ते' के साथ करता था - 'मैं आपमें मौजूद दिव्यता को नमन करती हूं'। यह इस विश्वास के कारण है कि जैन धर्म/बौद्ध धर्म/सिख धर्म जैसे विभिन्न संप्रदाय और धर्म सनातन धर्म की छत्रछाया में फले-फूले । 'जैन धर्म और बौद्ध धर्म' ने 'उपनिषद' को खारिज कर दिया, क्योंकि वे सनातन धर्म के कुछ हिस्सों से असहमत थे इसलिए उन्हें 'नास्तिक' विचारधारा कहा गया और बाद में आए सिख धर्म ने 'गुरुवाणी' को अपना एकमात्र मार्गदर्शक सिद्धांत बनाया। स्वाभाविक रूप से यदि हम उन्हें बारीकी से देखें तो शाश्वत मानी जाने वाली 'आत्मा' की समझ के संदर्भ में 'सनातन धर्म' के मूल दर्शन में, हिन्दू,

जैन, बौद्ध एवं सिख सम्प्रदायों में शायद ही कोई विशेष अंतर है। चार आश्रमों में विश्वास, मृतकों को जलाना/दह संस्कार करना। तीनों में जो एकमात्र अंतर विकसित हुआ है वह है महिलाओं की स्थिति - जैन/बौद्ध और सिख तीनों धर्मों में भगवान को पुरुष के रूप में देखा जाता है और यह धारणा अब्राहमिक धर्म की तरह ही महिलाओं को नुकसान और असमान स्थिति में रखती है। पत्नी के 'अर्धांगनी' होने की धारणा में यह बदलाव, जिसे लक्ष्मी-पार्वती-सरस्वती के रूप में पूजा जाता था, अब कुछ लोगों द्वारा 'कमतर प्राणी' के रूप में देखा जाने लगा, जो "मोक्ष" प्राप्त करने में असमर्थ है - उसे अब चार दीवारों तक ही सीमित समझा जाने लगा, अपना सिर ढककर घर, बूढ़े और बच्चों की देखभाल करने में सिमित हो गयी । यह बदलाव परिवार इकाई के पतन का कारण बना क्योंकि वित्त और घरेलू कामों को अलग कर दिया गया, वित्त पुरषो के कंधे पर और घरेलू काम महिलाओ के कंधे पर बाट व् बांध दिया गया । जिसके परिणामस्वरूप समाज में विभिन्न सामाजिक बुराइयाँ उत्पन्न हुईं और अंततः 'स्नोबॉल' प्रभाव से समाज का पतन हुआ।

बौद्ध धर्म में 'बहुपतित्व' की अवधारणा भी है जो शायद महाकाव्य 'महाभारत' के चरित्र - 'पांचाली' से प्रभावित है, लेकिन इसका मतलब यह नहीं है कि बौद्ध धर्म में महिलाओं को अधिक शक्तिशाली स्थिति प्राप्त है, इसके विपरीत महिलाओं की शादी एक से अधिक पुरुषों से होती है। एक ही परिवार में आम तौर पर दोनों ही भाइयों की देखभाल, अगर तीन हैं तो फिर तीनों की देखभाल, जिसमें घर के काम-काज और दो से तीन भाइयों के बच्चे पैदा करना और उनकी देखभाल करना भी शामिल है। तिब्बत, लेह-लद्दाख, उत्तर पूर्व में (बौद्ध धर्म प्रमुख धर्म) उपजाऊ भूमि की कमी के कारण और भूमि को परिवार के भीतर रखने के लिए 'बहुविवाह' की शुरुआत की गई थी। यदि भाई अलग-अलग लड़कियों से शादी करेंगे तो इससे भूमि का विभाजन हो जाएगा। इसलिए, "बहुपतित्व पारिवारिक भूमि को अक्षुण्ण रखने का एक तरीका था। बहुपति प्रथा और बहुविवाह दोनों ही बुरी प्रथा हैं और

दोनों ही महिलाओं के प्रति अपमानजनक हैं और उन्हें कमजोर करते हैं।

जैन धर्म और सिख धर्म का विकास सनातन धर्म में सुधार और रक्षा के लिए हुआ (जैन धर्म जाति, अंध अनुष्ठान और मूर्ति पूजा की बुरी प्रथा के खिलाफ खड़ा हुआ) सिख धर्म के तहत - एक व्यक्ति को सरदार कहा जाता है, क्योंकि पगड़ी नेतृत्व की गुणवत्ता को दर्शाने के लिए पेश की गई थी। महिलाओं की रक्षा के लिए युवा सिख पुरुषों ने महिलाओं का वेश धारण कर इब्राहीम हमलावर को चकमा देने के लिए तथा महिलाओ के स्वाभिमान को बचाने के लिए, लम्बे बालो को पगड़ी में छिपाया गया। आज भी, सिख पुरुष लंबे बाल रखते हैं और पगड़ी पहनते हैं, यह उनके साहस के साथ-साथ उस भयानक समय की भी लगातार याद दिलाता है। हम सभी को अपने साझा ऐतिहासिक अत्याचारों से सीखना चाहिए और याद रखना चाहिए, कि हमें ऐसी अमानवीय बर्बरता को अपने देश पर दोबारा हमला नहीं करने देना चाहिए।

बौद्ध मूल सिद्धांत आठ गुना पथ- सही समझ, सही विचार, सही भाषण, सही कार्य, सही आजीविका, सही प्रयास, सही दिमागीपन और सही एकाग्रता पर आधारित हैं। और जैन धर्म में 5 व्रत हैं अहिंसा (अहिंसा), सत्य (सत्य), अस्तेय (चोरी न करना), ब्रह्मचर्य (शुद्धता), और अपरिग्रह (संग्रहीत ना करना)। बौद्ध धर्म के अष्टांगिक मार्ग और जैन धर्म के पाँच व्रतों का मूल स्रोत क्या है? आइए यहां योग सूत्र को समझने की कोशिश करें, जिसके बारे में माना जाता है कि इसे पहली बार "महर्षि पतंजलि" द्वारा संहिताबद्ध किया गया था, बौद्ध धर्म के मूल दर्शन के आठ गुना मार्ग और जैन धर्म के पांच व्रतों की उत्पत्ति 'अस्टांग योग' से हुई थी। योग के आठ अंग हैं यम (संयम), नियम (पालन), आसन (योग मुद्राएं), प्राणायाम (सांस पर नियंत्रण), प्रत्याहार (इंद्रियों को वापस लेना), धारणा (एकाग्रता), ध्यान (ध्यान) और समाधि (अवशोषण) क्या जैन धर्म के पांचों शब्द सीधे यम से नहीं लिए गए हैं, "अष्टांग योग' का पहला अंग यम या पांच योग के नैतिक कोड-

अशिंसा (अहिंसा), अस्तेय (चोरी न करना), सत्य (सच्चाई), अपरिग्रह (अपरिग्रह), और ब्रह्मचर्य (ब्रह्मचर्य या निष्ठा) |

एमएनसी संस्कृति हमारे देश के युवाओं को कैसे नष्ट कर रही है? 1990 के दशक में सरकार ने हमारे देश को विदेशी निवेश और एमएनसी संस्कृति के लिए खोल दिया था और पिछली सरकारों के तहत लघु और कुटीर उद्योग लालफीताशाही के कारण नष्ट हो गए थे। इसलिए, जब 1990 के दशक में दिग्गज अमेरिकी कंपनियां भारत आईं तो इसने छोटे व्यवसाय को भी खत्म कर दिया। लघु और कुटीर उद्योग इन बड़ी दिग्गज कंपनियों को कोई प्रतिस्पर्धा नहीं दे सके। इन कंपनियों ने भारत के साथ-साथ विदेशों में भी आकर्षक नौकरियों की पेशकश की, जिससे न केवल प्रतिभा पलायन हुआ, बल्कि सांस्कृतिक मूल्यों और लोकाचार को भी झटका लगा, क्योंकि टीम के कार्यक्रमों/ऑफ-शोर प्रशिक्षणों , पेय और अन्य नशे की चीजों, देर रात की पार्टियों की संस्कृति पेश की, नशीली संभावनाएँ, शराब और नशा सामान्य हो गया। यह बहुराष्ट्रीय कंपनी और कॉरपोरेट संस्कृति कॉलेजों और स्कूलों में भी प्रवेश कर चुकी है, जहां युवा और यहां तक कि स्कूल जाने वाले बच्चे भी नशे की गिरफ्त में आ रहे हैं। यह सब वोकेस्म की बीमारी की ओर ले जा रहा है। नशा और वैराग्य उपनिवेशवादियों के हाथ में आधुनिक गुलामी का एक नया हथियार है। मेरा मानना है कि आज के बीसवीं सदी के युवाओ की प्रतिगामी और औपनिवेशिक मानसिकता' के लिए माताएं भी समान रूप से दोषी हैं। मैं समझती हूं कि हमारी अधिकांश माताओं का बचपन कठिन था क्योंकि सदियों के औपनिवेशिक शासन के बाद भारत अपेक्षाकृत एक कच्चा राष्ट्र था, और उनकी परवरिश और शिक्षा उन्हीं मैकाले शैक्षणिक संस्थानों से हुई थी। लेकिन तब शिक्षित या कम शिक्षित ने अपनी बेटियों और बहुओं के लिए ' केकई ' (राम की सौतेली माँ) के रूप में काम किया और अपने बेटों को उसी प्रतिगामी दृष्टिकोण के साथ बड़ा करने वाले अपने पति के प्रतिगामी दृष्टिकोण का आँख बंद करके समर्थन किया।

समाधान- राम राज्य की ओर.....

राम राज्य स्थापित करने में सक्षम होने के लिए हमें कुछ महत्वपूर्ण परिवर्तन लाने होंगे, पहला परिवर्तन स्वयं के भीतर है। सबसे पहले और सबसे महत्वपूर्ण, हमें खुद को नई सोच से फिर से लोड करना होगा, हर उस अवधारणा को भूलना होगा जो पीढ़ी दर पीढ़ी हमें दी गई है और उन्हें नए नज़रिये से सीखना होगा। हमें खोजी बनना चाहिए और प्रश्न पूछना चाहिए और हर उस छोटे पहलू पर अपनी आँखें बंद नहीं करनी चाहिए जो गलत था या गलत सिखाया गया था।

- शाकाहारी बनना और नशा छोड़ना: वर्तमान समय में हम देखते हैं कि बहुत से लोग छोटी-छोटी बातों पर इतने उत्तेजित और आक्रामक हो जाते हैं कि नशे के कारण वे स्वयं पर नियंत्रण खो देते हैं और अमानवीय विदेशी हमलावरों के समान अमानवीय व्यवहार करने लगते हैं। यूरोप, जहाँ ईसाई धर्म का जन्म हुआ और अरब, जहाँ इस्लाम का जन्म हुआ, दोनों रेगिस्तान हैं, यूरोप एक ठंडा रेगिस्तान है और अरब एक गर्म रेगिस्तान है। इन दोनों देशों में हरे-भरे चरागाह और वनस्पति मिलना मुश्किल है। इसलिए, जब इन हमलावरों ने अन्य देशों, विशेषकर अफ्रीका और भारतीय उपमहाद्वीप पर हमला किया, तो उन्होंने न केवल लोगों को अपने धर्म में धर्मांतरित होने के लिए मजबूर किया, बल्कि उनके धर्मांतरित हथियार में, लोगों को मांसाहारी भोजन के लिए मजबूर करना भी शामिल था। शाकाहारी भोजन प्रकृति और जीवित प्राणियों के प्रति परस्पर सम्मान के मूल दर्शन में विश्वास करता है,

यह अन्य जीवित प्राणियों के प्रति विनम्रता और करुणा पर आधारित है। यहां तक कि अंडे खाना भी मांसाहारी माना जाता है, क्योंकि अगर आप अंडे को अप्राकृतिक वातावरण से अछूता छोड़ देंगे तो यह निश्चित समय में दूसरे जीवित प्राणी को जन्म देगा। ये हमलावर लंबे समय तक शिकारी और संग्राहक थे और सभ्य नहीं बन सके यानी किसान बनकर और भोजन उगाकर और उत्पादन करके एक व्यवस्थित जीवन जीना बहुत ही लम्बे समय बाद सीख सके। इसलिए, उन्होंने भोले-भाले लोगों को अपने धर्म और मान्यताओं में परिवर्तित करने के लिए सभी उपलब्ध साधनों का उपयोग किया क्योंकि इससे लगो में उनका विरोध कम होगा और जब ज़यादा से ज़यादा लोग अक्रान्ताओ के रीती रिवाज़ एवं खान पान अपना लगे तो वे लोग इन अक्रान्ताओ का विरोद भी नहीं करेंगे । मुझे बचपन में एक कॉमिक स्ट्रिप पढ़ना याद है, जिसमें एक ब्राह्मण (एक कट्टर शाकाहारी) और एक शिकारी (मांसाहारी और नशे में धुत्त) के इर्द-गिर्द एक कहानी बुनी गई थी- कि वास्तव में भगवान शिव का वफादार भक्त कौन था? दोनों सुबह एक ही शिव-लिंग की पूजा करते थे। ब्राह्मण सुबह और शिकारी दोपहर में देर से शिवलिंग की पूजा करते थे। शिकारी अपने शिकार और स्थानीय मादक पेय को भगवान शिव को अर्पित करता था और ब्राह्मण फूल और नारियल चढ़ाता था। एक दिन शिवलिंग में आँखों से खून बहता हुआ दिखाया जाता है, जिसे देखकर ब्राह्मण भाग जाता है (आधुनिक मीडिया हमेशा ब्राह्मणों को गलत तरीके से पेश करता है, यह प्रचार आज भी सबसे बुरे रूप में जारी है) लेकिन शिकारी भगवान शिव की आखों से खून बहता देख अपनी आँखें अर्पित कर देता है। बचपन में पढ़ी गई एक और कॉमिक स्ट्रिप में 'गुरु नानक देवजी' पर एक कहानी थी जिसमें देवजी को मांसाहारी भोजन पकाते हुए दर्शाया गया था। इन सभी और कई अन्य साधनों का इस्तेमाल लोगों का दिमाग धोने और उन्हें मांसाहारी बनाने के लिए किया जाता था। ज़्यादातर

शाकाहारियों को पहले अंडे और फिर चिकन खाने के लिए बहलाया गया। बंगाल में बहुत ढोल पीटकर लोगों को यह विश्वास दिलाया गया कि मछली शाकाहारी है। चूँकि, इन हमलावरों ने सभी स्थानीय प्राचीन हिंदू स्कूलों को बंद कर दिया था, इसलिए अधिकांश अशिक्षित भारतीय आबादी के लिए ब्रेनवॉशिंग और जबरन धर्मांतरण से बचना मुश्किल था। हमलावरों ने हमारे समाज को तोड़ने के लिए झूठी कहानियाँ और कई अन्य मौखिक और लिखित सामग्री बनाई। सनातन संस्कृति के खिलाफ यह मनोवैज्ञानिक युद्ध सौ साल से भी ज़्यादा समय से चल रहा है।

- <u>शिक्षा प्रणाली में सुधार करें</u>- जो लोग एनईपी 2020 को लागू नहीं करना चाहते हैं ये वे लोग हैं जिन्होंने भविष्य की पीढ़ी की कीमत पर अधिकतम लाभ कमाने के उद्देश्य से शिक्षा को अपना व्यवसाय या कॉर्पोरेट संस्कृति बना लिया है। ब्रिटिश मैकॉले प्रणाली द्वारा गाँव में प्रचलित गुरुकुल और पाठशाला प्रणाली को नष्ट कर दिया गया था। आज की शिक्षा प्रणाली जो अभी भी मैकॉले की संरचना का पालन करती है वह छात्रों, शिक्षकों और अभिभावकों को एक जाल में फंसा देती है। यह अधिकांश लोगों को गुलाम, लालची, सत्ता का भूखा बना रहा है, वर्षों की रटने की आदत के कारण उनकी अखंडता और व्यक्तित्व खो रहा है। सीखने की दोहरावपूर्ण पद्धति को अंकों और संख्याओं के रूप में पुरस्कृत किया जाता है, जहां रचनात्मकता और स्वतंत्र दृष्टिकोण को कुचल दिया जाता है। मानसिक और शारीरिक फिटनेस और विकास के लिए बच्चों को रोजाना नौ से दस घंटे सोना जरूरी है। लेकिन शिक्षा की वर्तमान प्रणाली के तहत, जो बच्चों और युवा छात्रों पर बहुत अधिक दबाव डालती है, वे छह या सात घंटे से अधिक नहीं सो पाते हैं, जिसका लंबे समय में

उनकी समग्र मानसिक और शारीरिक फिटनेस पर प्रतिकूल एवं हानिकारक प्रभाव पड़ता है।

- बहुराष्ट्रीय कंपनी और कॉर्पोरेट संस्कृति की भूमिका: भले ही बहुराष्ट्रीय कंपनियों ने प्रतिस्पर्धी कीमतों पर विभिन्न प्रकार के उत्पादों की उपलब्धता के मामले में भारतीय अर्थव्यवस्था को शुरुआती उछाल और प्रोत्साहन प्रदान किया, लेकिन साथ ही हमें बहुत सतर्क रहने की जरूरत है यदि हम पश्चिम के गुलामों और श्रमिकों की तरह समाप्त नहीं होना चाहते हैं, तो हमें तत्काल रूप से वर्तमान शिक्षा मॉडल के पुनर्गठन की आवश्यकता है। । पश्चिम देशो में स्कूल की संरचना कारखाने के श्रमिकों के समय के अनुरूप और उनके बच्चों की देखभाल के लिए बनाई गई थी, जबकि ये श्रमिक कारखानों में काम करते थे। पश्चिम की औद्योगिक क्रांति में नौ बजे से पाँच बजे तक श्रमिकों की आवश्यकता थी। जो श्रमिक एक ही प्रकार का कार्य बिना सोचे तेज गति से करते थे, उनके बच्चों की देखभाल करनी होती थी ताकि कार्यबल बिना किसी रुकावट के उपलब्ध रहे। कार्यबल को मौद्रिक लाभ का लालच दिया गया था, क्योंकि पश्चिम अभी भी एक विकासशील समाज था, जहां अफ्रीकी और एशियाई देशों से लूटा गया बहुत सारा धन था। आम लोग इन कारखानों में श्रमिक के रूप में आते हैं और अपने बच्चों को स्कूल में छोड़ते थे। चूंकि सत्रहवीं और अठारहवीं शताब्दी में पश्चिम विशेष रूप से उत्तरी अमेरिका और पश्चिमी यूरोप एक विकासशील समाज था, स्कूल प्रणाली और श्रम कानून अपने शुरुआती चरण में थे। इसके बिलकुल विपरीत भारत में प्राचीन लघु/कुटीर उद्योगों और शिक्षा की प्राचीन प्रणाली बहुत ही विकसित और उन्नत थी जिसे नष्ट करने के बाद कारखाने और स्कूल स्थापित किए गए थे। भारतीय उद्योग, घर व् परिवार आधारित थे, जिसका मतलब था कि कार्यस्थल उनका अपना घर होता था, और एक परिवार बाजार-उन्मुख मांग और आपूर्ति द्वारा निर्देशित उत्पाद, सीधे उत्पादन में शामिल हो सकता है। जहां व्यक्ति अपने काम का

समय और लाभ मार्जिन अपनी प्राथमिकता के अनुरूप तय करते थे। भारत में व्यापार सभी क्षेत्रों में फला-फूला - कपड़ा से लेकर धातु के बर्तन, मिट्टी के बर्तन, रत्न और आभूषण और कृषि उत्पाद तक। यूरोपीय लोग मसालों के लिए आए थे, यह गंभीर गलत सूचना है जो एनसीईआरटी पाठ्यपुस्तकों के माध्यम से फैलाई गई थी। भारतीय कपड़ा व्यापार जीवंत था। प्राचीन काल में भारत समृद्ध और बहुत अमीर बन गया क्योंकि व्यापार और बाजार बहुत व्यक्तिगत थे और मांग और आपूर्ति की मुक्त बाजार शैली द्वारा निर्देशित थे। यह 'बॉटम अप' दृष्टिकोण पर आधारित था। इसके विपरीत, 1990 के दशक में भारत ने जिस बहुराष्ट्रीय कंपनी संस्कृति के लिए अपने दरवाजे खोले थे, वह 'टॉप डाउन' दृष्टिकोण पर आधारित है, जहां शीर्ष प्रबंधन मांग और आपूर्ति को निर्धारित करता है। नेक्सस बनाया जाता है और बाज़ारों में हेरफेर किया जाता है। कारखाने के श्रमिकों को 'ब्लू कॉलर जॉब' का एक नया आकर्षक नाम मिल गया है - जहां श्रमिक 'चूहा दौड़' में शीर्ष पर पहुंचने के लिए एक-दूसरे से आगे निकलने की कोशिश कर रहे हैं - बिना यह महसूस किए कि शीर्ष पद एक मिराज बुलबुले की तरह है, सभी नए रिक्रूट, चूहे की दौड़ के बुलबुले में शामिल हों जाते है '- सभी रिक्रूट को देर रात तक बाहर घूमने, धूम्रपान, पेय पार्टियों और ऑफशोर पार्टियों/टीम निर्माण कार्यक्रमों आकर्षित करती है। और सभी इस चकाचौंध की शीर्ष पर पहुंचने के लिए, इस संस्कृति का अभिन्न अंग होने की उम्मीद में लट्टू की तरह घुमते है। भारत में इनमें से अधिकांश बहुराष्ट्रीय कंपनियां या तो अमेरिका आधारित हैं या यूरोपीय हैं, हालांकि ये कंपनियां अमेरिका और यूरोप में अपने कार्य-जीवन संतुलन की गारंटी देती हैं, लेकिन जब भारत या अन्य विकासशील या अल्प-विकसित देश के कुशल कार्यबल की बात आती है तो 'कार्य-जीवन' संतुलन शब्द हवा में उड़ जाता है। । भारत में स्कूल भी एमएनसी और कॉर्पोरेट संस्कृति में बदल रहे हैं - जहां छात्र एक विशेष कारखाने (ब्रांडेड स्कूल) के तैयार

उत्पाद की तरह प्रतीत होते हैं। अबहुराष्ट्रीय कॉर्पोरेट संस्कृति का समाधान एवं विकल्प 'मेक इन इंडिया' और 'स्टार्ट अप इंडिया' हो सकता है , साथ ही माता-पिता को अपने बच्चों के साथ हर कदम पर शामिल होना होगा, वास्तविक जीवन की शिक्षा के लिए पूरी तरह से स्कूल और कॉलेज की डिग्री पर निर्भर नहीं रहना चाहिए।

- <u>सेवानिवृत्ति?</u> सेवानिवृत्ति क्या है, सेवानिवृत्ति की यह अवधारणा किसने लाई? हम सभी जानते हैं कि सेवानिवृत्ति शब्द उपनिवेशवादियों द्वारा लाया और प्रचलित किया गया था। भारत में उपनिवेशवादियों/यूरोपीय या अंग्रेजों ने सेवानिवृत्ति की अवधारणा पेश की क्योंकि वे ऐसे ऊर्जावान युवा, श्रमिक/बंधुआ, मजदूर/दास चाहते थे, जिनका अधिकतम लाभ के लिए शोषण किया जा सके। एक निश्चित उम्र के बाद कोई व्यक्ति युवा गति से काम करने या कठोर श्रम करने में सक्षम नहीं होता है, इसलिए उन्होंने जबरन सेवानिवृत्ति की अवधारणा पेश की। यदि कोई किसी को नौकरी या काम के लिए नियुक्त करता है तो उसका उद्देश्य उस व्यक्ति से अधिकतम आउटपुट प्राप्त करना होता है। इसलिए, सेवानिवृत्ति की अवधारणा ने नियोक्ता को गति से काम न करने वाले वृद्ध लोगों से छुटकारा पाने में मदद की। इस नियोक्ता-कर्मचारी संबंध में केवल भौतिक लाभ या मुनाफ़ा को महत्व दिया जाता था। सेवानिवृत्ति की अवधारणा के विपरीत कुछ ऐसी नौकरियाँ हैं जो जीवन के अनुभव और उम्र के साथ बेहतर होती जाती हैं जिनमें कड़ी मेहनत की नहीं बल्कि मानसिक क्षमता की आवश्यकता होती है, उदाहरण के लिए एक शिक्षक की नौकरी, प्रोफेसर, शोधकर्ता, नीति निर्माता, और चूंकि प्राचीन भारतीय संस्कृति बड़े निगमों और विशाल उद्योगों के विपरीत निजी लघु पैमाने और कुटीर उद्योग पर आधारित थी, इसलिए ये छोटे पैमाने की निजी संस्थाएं परिवार इकाई के रूप में काम करती थीं

जो मानवतावाद को महत्व देती थीं। इन छोटी निजी संस्थाओं की प्रकृति और आकार के कारण उनकी कार्य संस्कृति और वातावरण काफी लचीला था। लेकिन पिछले कुछ वर्षों में उपनिवेशवादियों से कड़ी प्रतिस्पर्धा और आज़ादी के बाद प्रतिकूल नीतियों और अनुकूल माहौल के कारण नियोक्ता-कर्मचारी संबंधों के कारण छोटे पैमाने की पारिवारिक इकाइयों का पतन हुआ और बड़े एवं कॉर्पोरटे संस्कृति' स्तापित हो गए, जहां आपको एक निश्चित उम्र में सेवानिवृत्त होने के लिए मजबूर किया जाता है या कोई जल्दी सेवानिवृत्ति ले लेता है, संपूर्ण और अत्यधिक अपेक्षाओं के कारण। इसका उत्तर भी 'सनातन संस्कृति' की हमारी जड़ों तक जा रहा है - अपनी छोटी पारिवारिक इकाई/व्यवसाय शुरू करना, जहां कोई अपनी क्षमता के अनुसार जब तक चाहे काम कर सकता है- 'स्टार्ट-अप-इंडिया '| जब कोई एक निश्चित उम्र में सेवानिवृत्त होने के विचार के बिना अपनी सर्वश्रेष्ठ क्षमता के साथ काम करता है, और अपने बच्चों या सरकार से बाहरी वित्तीय सहायता पर निर्भर नहीं होता है। यह गैर-सेवानिवृत्त अवधारणा न केवल किसी व्यक्ति के मानसिक, वित्तीय और आत्म-सम्मान में मदद करती है बल्कि यह किसी देश की आर्थिक वृद्धि में भी बहुत योगदान देती है।

- <u>माता-पिता की ज़िम्मेदारी</u>: माता-पिता की अपने राष्ट्र के प्रति सबसे बड़ी ज़िम्मेदारी है क्योंकि यह उनका 'उत्पाद' (बच्चे) हैं जो भविष्य के समाज के लिए निर्माण खंड बनेगा । यह पृथ्वी और समाज वह है जो माता-पिता अपने भावी नागरिक से उधार लेते हैं। यह माता-पिता पर निर्भर करेगा कि वे इस पृथ्वी या समाज को अपने बच्चों के लिए कर्ज में छोड़ेंगे या अपने बच्चों के लिए संपत्ति के रूप में। यह पूरी तरह से इस बात पर निर्भर करेगा कि वे अपने बच्चों का पालन-पोषण कितने अच्छे से करते हैं। उनके बड़े होने के वर्षों में माता-पिता का कितना योगदान रहा है?

माता-पिता ने अपने बच्चों पर कितना निवेश किया है? निवेश का मतलब केवल सर्वोत्तम शिक्षा संस्थान के लिए ट्यूशन फीस का भुगतान करना नहीं है, बल्कि दैनिक आधार पर उनके साथ गुणवत्तापूर्ण समय बिताना है। दादा-दादी को भी अपने सेवानिवृत्त जीवन का सिर्फ आनंद लेने के बजाय अपने बच्चों और पोते-पोतियों के प्रति अपनी ज़िम्मेदारी समझनी चाहिए। माता-पिता बनने की अपनी चुनौतियों और कठिनाइयों को याद करते हुए, दादा-दादी को अति थोपे बिना, अपने अनुभव से अपने बच्चों की मदद करनी चाहिए। इससे न केवल उनका बुढ़ापा, उनके बच्चों और पोते-पोतियों का जीवन बेहतर होगा, बल्कि सभी हितधारकों का जीवन भी खुशहाल और स्वस्थ हो जाएगा और अंततः एक स्वस्थ समुदाय बनाने में योगदान मिलेगा। माता-पिता को यह भी याद रखना चाहिए कि पचास से साठ वर्ष की आयु के बाद उन्हें अपने 'कार्बन पदचिह्न' के बारे में अवश्य सोचना चाहिए, उन्हें यह समझना चाहिए कि पचास वर्ष की आयु के बाद वे जो भी वर्ष जीते हैं ये वे वर्ष हैं जो उन्होंने आने वाली पीढ़ी से उधार लिए हैं और इस बारे में अवश्य सोचना चाहिए और धीरे-धीरे समाज को वह सब वापस लौटने का प्रयास करना चाहिए जो उन्होंने अपने पचास वर्ष की आयु तक जमा किया था, साथ ही * 'दानवीर कर्ण' (कर्ण-योद्धा महाकाव्य 'महाभारत' के समान नहीं बने, जिन्होंने दान के लिए अपना 'कवच' (सुरक्षात्मक परत) त्याग दिया था जो उन्हें दुश्मनों से बचा सकता था और इस तरह वे अपनी जान गंवा देता हैं) दान की शुरुआत घर से होती है, हम तभी समाज में योगदान दे सकते हैं जब हम मानसिक और शारीरिक रूप से स्वस्थ हों, इसलिए हमें सबसे पहले अपनी बुनियादी जरूरतों और आवश्यकताओं का ध्यान रखने में सक्षम होना चाहिए।'तभी माता-पिता समाज में फलदायी और सकारात्मक योगदान देने की स्थिति में होंगे।

- <u>नागरिकों की ज़िम्मेदारी</u>: अपने आस-पास सफाई रखना, नदियों को साफ़ रखना, नदियों में कूड़ा-कचरा न फेंकना चाहे वह पूजा

का कचरा ही क्यों न हो, पूजा का सामान इकट्ठा कर जलने के बाद खेतो में डाल देना, नदियों को दूषित करने से बेहतर हैं। अनावश्यक अनुष्ठानों को दूर करना- कुछ साल पहले एक कपड़ा विज्ञापन आया था जिसमें नदी के एक किनारे से दूसरे किनारे तक साड़ी ओढ़ाई गई थी, इस तरह के भ्रामक विज्ञापनों को नकली 'पंडितों' ने भुनाया और भोले-भाले लोगों को गंगा, यमुना या किसी अन्य नदी की पूजा करते समय अपने पूजा अनुष्ठान में कपड़ा/साड़ी शामिल करने के लिए प्रोत्साहित किया। और ऐसा करने के लिए सहमत होने वाले लोग न केवल गरीब और अशिक्षित हैं बल्कि बहुत से लोगों के पास स्कूल और कॉलेज की डिग्री है, फिर भी वे बिना कोई सवाल पूछे इन अनुष्ठानों का आँख मूंदकर पालन करते हैं और अंधविश्वास और अनुष्ठानों के नाम पर नदियों को गंदा करते है। 'रामचरित्र मानस और भगवतगीता' के माध्यम से सिखाए गए मानवतावाद के मूल दर्शन से दूर रहने के कारण, अधिकांश लोग 'सामान्य ज्ञान और नागरिक ज्ञान' से वंचित हैं। अधिकांश लोग मौद्रिक लाभ और स्वार्थी लालच के लिए 'रावण और दुरोधन' के सबसे बुरे रूप की तरह व्यवहार करते हैं। एनसीईआरटी की पाठ्य पुस्तकों में अधिकारों पर समर्पित कई अध्याय हैं जबकि जिम्मेदारियों/कर्तव्यों को एक या दो पैराग्राफ में संक्षेपित किया गया है, इस कारण सभी भारतीय नागरिक अपने अधिकारों के बारे में बहुत अधिक शोर मचाते हैं और भूल जाते हैं कि यह केवल नागरिक के रूप में अपनी मूल जिम्मेदारियों और कर्तव्यों को पूरा करने के बाद ही वे अपने अधिकारों का लाभ उठा सकते हैं।

'सबसे सभ्य संस्कृति' जो 'वसुधैव-कुटुम्बकम' में विश्वास करती थी, जिसका अर्थ है कि विश्व एक परिवार है, आप सभी को अपने परिवार के सदस्य के रूप में तभी मान सकते हैं जब आप दूसरों को अपना मानते हैं और उनका सम्मान करते हैं, यह वह 'धर्म' था जिसका सभी लोग पालन करते थे - इसलिए भारतीय सभी का अभिवादन 'नमस्ते'

(हाथ जोड़कर झुकना) करके करते हैं। वे इसे अभिवादन के रूप में इस्तेमाल करते हैं, क्योंकि वे जानते हैं कि दूसरों में भी वही आत्मा है जो उनमे स्वं है । लेकिन भारतीयों की दयालुता और विनम्रता का उनकी कमजोरी के रूप में दुरुपयोग किया गया। सबसे पुरानी संस्कृति/सभ्यता ने मौखिक दुर्व्यवहार, शारीरिक दुर्व्यवहार, को सहन किया, उपनिवेशवादियों के पास उपलब्ध सभी संसाधनों का इस्तेमाल प्राचीन ग्रंथों और धर्मग्रंथों के चित्रण को विकृत, मिथ्या और नष्ट करने के लिए किया गया । ईसाई और इस्लामवादी दोनों ही उपनिवेशवादियों ने खास तौर पर 'महिलाओं' को निशाना बनाया और उन पर हमला किया क्योंकि इन दोनों संप्रदायों के समाज में पितृसत्तात्मक व्यवस्था थी। वे इस प्राचीन सभ्यता में महिलाओं को दिए गए सर्वोच्च दर्जे और समानता को पचा नहीं पाए। उनके लिए यह अविश्वसनीय था कि एक महिला की स्थिति एक पुरुष के बराबर कैसे हो सकती है? इसलिए, इन हमलावरों ने महिलाओं की स्थिति को नष्ट करने की ठानी। इन हमलावरों ने महिलाओं के साथ बलात्कार किया, उन्हें हर तरह की मानसिक यातनाएँ दीं और आज भी हमलावर अपने जनसंचार माध्यमों के माध्यम से प्रिंट, विजुअल और फिल्मों में महिलाओं को अपमानजनक तरीके से चित्रित करते रहते हैं। पिछले तीन सौ/ चार सौ वर्षों से महिलाओं का निरंतर अपमानजनक चित्रण, महिलाओं के आत्मविश्वास को कुचलने वाले ये हिंसक दुर्व्यवहार और हमले इस प्राचीन सभ्यता की महिलाओं की आत्मा को चोट पहुंचाने में सफल रहे हैं।

इस पुरुष प्रभुत्व की अंतिम वास्तविकता/उद्देश्य संगीत, कला और शिक्षा (शारदा/स्वरस्वती) से रहित शरिया कानून/तालिबान शासन है जो भूमि को समृद्धि (लक्ष्मी) के रास्ते से हटा देता है जहा कोई शांति और खुशी नहीं होती । किसी समाज में यदि महिलाओं को अवसाद की ओर धकेला जाता है, उनका सम्मान नहीं किया जाता, केवल मूर्ति के रूप में पूजा जाता है, तो घर और परिवार की इकाई टूट जाती हैं, जब घर की इकाई टूटती हैं तो समाज और अंततः राष्ट्र का अलगाव

हो जाता है! एक पुरुष और एक महिला के बीच विवाह और विवाहित जोड़े का बच्चा होना, मनुष्य के रूप में जीवन जीने और उसे बनाए रखने का एक बहुत ही महत्वपूर्ण पहलू है। एक सामाजिक प्राणी के रूप में मनुष्य एकाकी जीवन नहीं जी सकता, इससे अवसाद होता है। एक खुशहाल और आनंदमय जीवन जीने के लिए एक व्यक्ति को जीवन भर के लिए एक साथी की आवश्यकता होती है। प्रत्येक विवाहित जोड़ा रामायण और महाभारत के चक्र से गुजरता है, अगर हम इन दोनों ग्रंथों को पढ़ते हैं और इसके गहन ज्ञान को समझते हैं, तो हम 'चक्रव्यू' या जीवन के चक्रों से गुजरने में सक्षम होंगे।

आधुनिक समय की इन सभी समस्याओं का सरल समाधान अपने आप को संप्रदायों और धर्मों में विभाजित ना करे और यह मानने के बजाय कि हम केवल अपने धार्मिक ग्रंथ- गुरुवाणी (सिख) या जिनवाणी (जैन), ही पढ़ेंगे- इन ग्रंथो को पढ़ने के साथ रामायण एवं भगवतगीता पड़ने का समय अवश्य निकाले |

हमे अपने अतीत पर दोबारा गौर करना है। प्रतिदिन अपने माता-पिता के साथ आधे घंटे बैठकर रामचरित्रमानस और भगवतगीता अवश्य पढ़ें। उच्च नैतिक पाठन पर आधारित यह मूल्य निश्चित रूप से जीवन के प्रति हमारे दृष्टिकोण को बदलने में मदद करेगा और हमें बेहतर व्यक्ति बनने में मदद करेगा जो न केवल हमारे देश को बल्कि दुनिया को महान बनाने में सक्षम है। रामचरित्र मानस हमें सिखाता है कि हमारा चरित्र कैसा होना चाहिए- प्रकाश की किरण की तरह, शुद्ध, हमेशा अपनी इंद्रियों पर नियंत्रण रखने वाला, जब हमारे भीतर कोई संघर्ष या लड़ाई नहीं चल रही हो (अयोध्या) तो हमारा मन निर्णय लेने के लिए स्पष्ट होगा। हमारी निर्णय लेने की क्षमता "भगवतगीता" द्वारा निर्देशित होती है, इस महाकाव्य में "कृष्ण- एक चेतन मन" और अर्जुन'- पांच तत्वों (पंचमहाभूत) से बने बाहरी शरीर को परिश्रम के साथ अपने सही कर्तव्य पर ध्यान केंद्रित करना सिखाती हैं। हमारे ऋषियों द्वारा लिखे गए इन दोनों महाकाव्यों के गहन ज्ञान को पढ़ने और समझने पर हम अपने जीवन के वास्तविक उद्देश्य और लक्ष्य को

अच्छी तरह से समझ सकते हैं जो न केवल हमें एक बेहतर इंसान बनने में मदद करेगा, बल्कि हर एक व्यक्ति पर गहरा प्रभाव डालेगा, उसके परिवार और समग्र रूप से समाज तथा विश्व पर भी। दशहरा और दीपावली भारत में उत्पन्न लगभग सभी धार्मिक समूहों द्वारा मनाया जाता है, दशहरा आमतौर पर लगभग नौ से दस दिनों के उपवास (नवरात्रि, गणेशचौरथी, दुर्गापूजा, दसलक्षण) के बाद मनाया जाता है। उपवास के ये दिन आमतौर पर दशमी पर समाप्त होते हैं जिसे 'बुराई पर अच्छाई की जीत' के रूप में मनाया जाता है। रावण उन सभी चीजों का प्रतीक है जो नकारात्मक हैं और राम उन सभी चीजों का प्रतीक हैं जो अच्छा, धार्मिक, पवित्र और दिव्य हैं। जैसे आप स्नान करके अपने बाहरी भौतिक शरीर को साफ रखते हैं, वैसे ही व्यक्ति उपवास और ध्यान के माध्यम से अपनी आंतरिक आत्म-सफाई करता है, जब कोई खुद को और अपने आस-पास को साफ रखता है, तभी वह वास्तव में हल्का और प्रसन्न महसूस कर सकता है। यदि हम वास्तव में दशहरा और दीपावली के पीछे के प्रतीकवाद को समझेंगे - तो हमें एक बोध प्राप्त होगा - कि जीवन हर पल दीपावली की तरह एक उत्सव है जब हम अज्ञानता और अंधकार से लड़ना सीख जाते हैं।

आज जब भारत आर्थिक प्रगति में ब्रिटेन और अन्य यूरोपीय देशों को पीछे छोड़ते हुए तेजी से आगे बढ़ रहा है, तो अब समय आ गया है कि हम अपनी प्राचीन भारतीय संस्कृति के महत्व को समझें और 'धर्म' के वास्तविक सार को समझें। 'धर्म' एक संकीर्ण अवधारणा नहीं है जैसा कि अंग्रेजों द्वारा अनुवादित किया गया और आगे बढ़ाया गया, जिसका अनुसरण संकीर्ण मानसिकता वाले लोगों ने अपने स्वार्थ के लिए किया। 'धर्म' का सच्चा सार व्यक्ति को अपने उच्चतम आत्म को प्राप्त करने में मदद करता है और उसे विभाजनकारी हुए बिना 'विनम्र' और 'मानवीय' बनाता है। धर्म जो प्राचीन भारतीय विज्ञान 'योग' और ध्यान से जुड़ा हुआ है, एक व्यक्ति को दूसरे जीवित प्राणी के साथ एकता की मूल वास्तविकता को समझने में मदद करता है। 'धर्म' का सही

अनुसरण न केवल एक व्यक्ति को बल्कि पूरे समाज और देश को भी ऊपर उठाएगा। हालाँकि इसमें कोई संदेह नहीं है कि सभी धार्मिक मुख्यधारा में भारी मात्रा में अच्छा काम चल रहा है, चाहे वह हिंदू धर्म हो, सिख धर्म हो या जैन धर्म। हर कोई 'लंगर' या सामुदायिक रसोई के बारे में जानता है, साथ ही जाति या धर्म के किसी भी भेदभाव के बिना सिख समुदाय द्वारा दी जाने वाली सामुदायिक चिकित्सा सुविधाएं, जैनियों में से अधिकांश लोग 'सनातन' और आयुर्वेदिक जीवन शैली का पालन करते हैं, जैन मुनि प्राचीन भारतीयता को पुनर्जीवित करने में भी मदद कर रहे हैं। झारखंड और मध्य प्रदेश जैसे राज्यों में सूती हथकरघा और कपड़ा उद्योग की विरासत, साथ ही देसी नस्ल की गायों, विशेष रूप से 'गिर गाय' द्वारा डेयरी उत्पादन, वे स्थानीय समुदाय को न केवल प्रशिक्षण प्राप्त करने में मदद कर रहे हैं, बल्कि इन प्रशिक्षित श्रमिकों को अपनी स्वयं की इकाइयाँ स्थापित एवं आर्थिक सहायता करने में भी मदद कर रहे हैं। ये सभी समाज के लिए वास्तविक सकारात्मक योगदान हैं, साथ ही सभी धार्मिक प्रमुखों को नियमित आधार पर एक साथ मिलना चाहिए, अपनी सामान्य एकल जड़ को समझना चाहिए और किसी भी तरह के मतभेद को भूल जाना चाहिए, ताकि समाज को एक समान सांस्कृतिक रूप एवं साझा विरासत सूत्र से आगे बढ़ाने के तरीकों पर आम बातचीत हो सके। 'धर्म' की वास्तविक प्रासंगिकता को समझने के साथ-साथ दो नारों की शक्ति को समझना भी महत्वपूर्ण है - 'बटेगे तो कटेंगे' (अगर हम खुद को जाति और धर्म में विभाजित करेंगे तो हम कभी भी उगते सूरज को नहीं देख पाएंगे) और 'एक है' तो सुरक्षित है' मतलब अगर हम साथ हैं तभी हम उठ सकते हैं और चमक सकते हैं। अन्य प्राणियों के प्रति पारस्परिक सम्मान, विनम्रता और करुणा से सच्ची खुशी मिलती है, अगर हमारे पास यह बुनियादी समझ है तो ही हम कह सकते हैं कि "राम हमारे दिल में रहते हैं" तभी हम एक सच्चा "राम राज्य या पृथ्वी पर स्वर्ग" बना सकते हैं।

है इंसान !संसार में कौन ज्ञानी, कौन अज्ञानी

है इंसान! संसार में कौन ज्ञानी, कौन अज्ञानी? क्या रिश्ते क्या नाते ?
तू अकेला ही आया है, अकेला ही जायेगा
आया भी खली हाथ, जाना भी खली हाथ
क्या समझ तू पायेगा?
तो फिर किसका घमंड, किसका डर,
तू क्यों है सहमा ?
बेखौफ चल, बेधड़क चल
है इंसान अगर तू सच्चा।।
सच्चे कर्म करता चल, बढ़ता चल ।
सीधी सच्ची राहो पर ।।
निसंदेह ऐसी ही राहो पर ।
भगवान मिल जाया करते है ।।
क्या मंदिर और क्या घर ।
भगवान तो मन में ही मिल जाया करते है।।

श्रीमती मिनाक्षी जैन

प्रिंसिपल सीबीएसई स्कूल

पीजीटी राजनीति विज्ञान

एम.फिल (जेएनयू)

मेल आईडी : Principalm.jain@gmail.com,
m.jainpgtpolsc@gmail.com

ESTABLISHMENT OF RAM RAJYA BY BREAKING FREE FROM THE SHACKLES OF COLONIAL MENTALITY!

MINAKSHI JAIN

BlueRose ONE.com
Stories Matter
NewDelhi • London

An Attempt to Break Colonial shackles of Indian Society through the lens of my Poems and finding direction for establishing Ram Rajya.

Source of Inspiration

Life, Nature, Ramayan, Mahabharat, Indian Culture & Ethos.

Gayatri Mantra Prayer

Om Bhurbhuvah Swah.

Tatsaviturvarenyam bhargo devasyaah dhimahi.

Dhio yo nah prachodayat.

ACKNOWLEDGEMENT

I would like to acknowledge my gratitude for all the people who supported and helped me give shape to the ideas in the form of book. I would first like to thank the entire staff of Blue Rose Publisher, to push the book towards its completion. I would like to thank social media specially YouTube videos of Karolina Goswami, Praveen Mohan, Neeraj Atri, Wion and Vantage of Palki Sharma, for deepening my understanding on various topics with respect to India, especially for sharing the Indian story.

I would also like to thank all my students for their inquisitive questions that landed me in seeking mode myself, I am also grateful to my school St. Anthony's Hauz Khas New Delhi, my class teacher Dr Jyoti Hirani, my graduation and master's college Gargi, J.N.U and Leiden University (NL) for shaping the individual that I have become today.

I would also like to take this opportunity to share my gratitude towards schools like The British School (NL), Hofstad Lyceum College (NL) Genesis Global, Kothari International, and Lotus Valley International School for shaping me with the hands-on teaching aptitude and specially the publishing team of Lotus Valley International for helping me realize my creative writing skills and for publishing my writing pieces in 'Fountain Head'.

I would also like to thank my friends for providing me emotional support at various stages of my life- Anju

Gupta and Farah Farooque (School), Gayatri, Soma and Poonam (Gargi College), Guusje-Roel, Jaya -Frans, Chitra-Sudhir, Preeti-Santosh, Shobha-Srinivas, Kiran-Santosh, Vijaya- Sudhakar, Deepti-Murthi, Shruti-Puneet, Freema-Shibu, Harita- Maruti (NL), Chetna ma'am, Rachna Chahar ma'am, Reena ma'am and Sapana ma'am. And my other friends and colleagues whom I met at different stages of life, who left their fragrance and enhanced my personality, it is difficult to name all of them but their bubbling faces are locked in the depth of my heart like soft laughter.

Last but not the least, I would like to thank my family, my Mother Dr Alka Jain and Dr Neelima Jain who have been my role model and constant pillar of Strength, my father Mr Vijay Kumar Jain, my sister Dr Manisha Jain for keeping me always charged up with her debating sessions, my brother Varun Jain. I would also like to express my gratitude to my In-Laws, my mother-in-law Mithlesh Jain, Nidhi and Vivek Jain, Monika and Sachin Jain, Anju and Ashu Jain, my husband Mr Nitin Kishor for his constant and continuous support-specially for helping me see the different parts of world from Europe to America, Africa, Middle East and even East Asia. This window to the world was truly insightful and helped me in providing me a Spectrum of perspective to the world we live in.

I dedicate this book to my beautiful children Arihant Jain and Aditya Jain, the future citizen of the world and My Motherland Bharat. Bharat Mata ki Jai!

Disclaimer

I would like to declare that the 'Collection of Poems' and their explanation in this book is entirely my work and my perception of the society. Who so ever wishes to have a different opinion / perception than what I have presented in my book is very much free to have so, at the same time NOT hindering my opinion and perception. I could write this book based on my varied experiences of my life & my travel in India and around the world. As an inquisitive person, I questioned what I found were wrong practices and refused to accept it as a norm or ritual, if it did not have any basic scientific base. I was even snubbed with statements like 'ulti ganga bahaaoge kya? Aisa hi hota aa raha hai, aur aisa hi hoga, agar tumhe galat lagta hai toh bhi"!!! All those who started these wrong practices are against nature, against humanity and this beautiful world, they are hell bent on destroying everything because of their greed and ego, by fooling, manipulating and intimidating their own people.

I was born into a staunch Jain vegetarian Family and while growing up we all use to fast during the 'Dakshlakshan Parv', during my growing up years I use to question my parents specially my mother about food restrictions. Although I completely believed in Vegetarian diet, I questioned not eating Onions & Garlic, but never really got satisfactory answers. I also questioned discriminatory practices of the religion specially against 'females' that have been written in 'Jinwaani' Religious text of Jains. I also questioned why the 24th Teerthankara of Jain's 'Mahaveer Swami' left his wife when he had to become an acetic? If he really wanted to choose a life of an acetic, then why did he not decide that before marrying his wife & after promising her during the marriage ceremony not to leave her? Did this attitude not create precedent among the Jain followers, that its Ok to leave your 'Ardhangani' your better half mid-way to renounce the world for Deeksha ceremony, is this not going back on your words and promises? I also question the Deeksha Ceremony' of young children below eighteen or twenty-one years of age to renounce world and become acetic. According to our Ancient SANATAN culture- there are four basic 'Ashram' one needs to follow, from birth until death- 1) Bhramacharya, 2) Greehastha, 3) Vaanprastha and 4) Sanyasa. To be able to attain Moksha' it is mandatory to have a fulfilling life comprising of all the ashrams. Everyone born to this Mother Earth has to fulfil certain duties while living in these ashrams in order to retain, preserve as well as sustain Mother Nature and to be able to attain 'Moksha' from the cycle of Birth & Death. Indian culture since ancient times has been spiritual rather than materialistic. To spend human life happily and to achieve the ultimate goal, one needs to perform four purushartha – Dharma, Artha, Kama and Moksha. Arth and Kama should not be the ultimate aim of life, one should not be selfish, that's why religion/ DHARMA is connected with everyone. I would also like to question the show and shower of wealth during 'Deeksha Ceremony', also, too much wastage of resources for an opulent wedding celebration. All this is due to ignorance about the true meaning of "Dharma' and also on the basic concept of Life and Death.

"Purusharth" is the sign of that meaningful life-force, that guides a person living in the midst of worldly pleasures to attain God or salvation through following his DHARMA." Therefore, it is important that we follow all the four ashrams completely, without leaving any link in between, living each ashram to the fullest helps in understanding the deeper mysteries of life.

Another Question that I frequently seek answer to- Is Jainism separate from SANATAN?

Deep down a lot of us may have the similar question and also know some obvious answers, at the same time a lot of times we just do not acknowledge these or question the wrong practices due to the fact that our brain was trained and brainwashed through Macaulay 's Education to only rote learn from text books without practical application of our mind. Years of subjugation and slavery by the colonialists, our mind over the years became conditioned to the instructions of the foreign masters, and became separated from our inner soul. The continued subjugation and slavery by the invaders, the burning and destruction of our ancient texts like 'Vedas, Puranas, Upanishads' by them and by forcefully removing 'Mahabharata and Ramayana' from schools and homes in the name of secularism, they have succeeded in ruthlessly killing the soul of our 'most ancient and civilized country'.

Due to this rote learning approach that was drummed into our minds over generations, today, we have become a bunch of herds that follows the master blindly, without asking basic question- what is the reason behind a particular ritual? What is its relevance? What will happen if I refuse to follow a certain ritual? Instead, we just follow a certain so called 'Guru' who might quote one or two verse from 'Bhagwat Geeta or Ramayana or any other ancient text, without reading it in entirely, or understand the true deep meaning of these ancient text. Few others distort or misinform their disciples. The spread of misinformation happens because people themselves do not want to make an effort to either read the original text or are too busy in their small materialistic world and pretend to be 'Dharamatma' or greatest soul, by visiting temples with show of wealth.

Over thousand years of subjugation and slavery by Colonisers our mind adapted to the instructions of the foreign masters, and we got detached with our inner soul. The continuous subjugation and slavery by attackers, burning and destruction of our ancient text by them like the 'Ved, Puranas, Upnishad, and forcefully removing 'Mahabharatha and Ramayana' from school/pathshala text and every household in the name of Secularism, colonisers succeeded in killing the Soul of the 'Most Ancient & Civilised country'.

My father is a staunch conservative and mother a liberal, I believe that Jainism and Sikhism were drummed as separate faith/ religion from Hinduism through the text book and rote learning method of education left by British that continued even after independence. Though, both the faith Jainism and Sikhism came into existence with the noble cause of reforming and protecting Hinduism. During the Mughal and the British empire, due to lot of atrocities on Hindus and spread of misinformation led to various unnecessary and unscientific rituals. The ancient text of Ramayana and Mahabharta and Upanishads were removed from school and colleges in the guise of English education, that led to confusion and segregation of society into various sects and faiths during the nineteenth and the twentieth century. It was in the twentieth century that the faith that became popular to protect and reform Hinduism turned into a separate sect because of power hungry political leadership that exploited the fault lines, to demarcate caste and religious identity that snow balled into cult ideology for selfish gains-the Khalistan movement turned into a worst monster of the twentieth century. Such, radical ideology that grew due to confusion and identity crisis resulted in un-tameable monster. In present times, especially since independence, most of the religious faith be it Hinduism, Sikhism or Jainism have developed lot of malpractices due to the strong presence of two major Abrahamian religions, over the years that followed, these rituals and malpractices got intertwined and we did not see the rise of any reform movement either due to lack of resources, knowledge (access to the 'Dharma grantha' were not openly accessible), lack of motivation or even suppression.

There are lot of practices and beliefs in Jainism that we as children talked about among ourselves and seek answers to but we did not really get valid answers. Even today after crossing fifty years I seek these questions without tangible answers. - Not eating Onion, beet root and Potatoes, as they are underground roots and would kill the plant- but eating groundnuts, carrots, radish is acceptable, especially groundnut which is very popular during fasting. I am sure not eating certain plant-based food had certain valid reasons and these restrictions must have been there for some time duration, but may be due to lack of right knowledge-few widely accepted notions became norms. ...

For a long time till about fifth to tenth/eleventh century none in Bharat considered themselves or had separate religious identity than the 'SANATAN' Identity. This was also the major reason that Buddhism as a separate religious identity never really flourished in India in spite of entire might and efforts of Ashok (of Mauryan Dynasty). British used innumerable tools to freeze caste and religious divide one among many was the 'Macaulay education system, that was certified as the only mode of formal education. Through this structural method of colonial/British education system it was made mandatory to write -surname/ last name along with the students first name to be able to get education into the 'Formal Education System'. This education system also encouraged to write 'Father' name instead of mother's name for a child seeking admission. It was only towards the late eighteenth and early nineteenth century that the segregating tools the British were inserting and sowing through a variety of methods of British institutions and Macaulay Education policy, finally started reaping rewards- when few individuals with help from British started constructing separate religious institutions in the form of Gurudwaras/ Jain Temples. This separate religious identity was further enhanced and drummed through NCERT books and CBSE schools (formal mode of education in Independent India- with colonial imprint) that continuously taught Jainism/ Buddhism and Sikhism as separate religious identity- Separate religion and Ideology that was soon grabbed upon by power hungry, egoistic individuals who called themselves 'religious gurus. These power hungry-egoistic individuals tried their best and still continue to propagate their agenda of male dominance through separate religious identity- be it

Jainism, Buddhism or Sikhism. Such people are growing in large numbers as they refuse to read or promote either 'Bhagwat Geeta or 'Ramayana' considering these as a separate religious text than their own.

Being born and then married into a staunch Jain Family, I have come to realise with my personal experience the fanatic and limited approach of few among Jains towards "SANATAN". Among Jains there are many who claim 'Badrinath', Kadarnath and few other temples in Indonesia as 'Jain Pilgrimage' in Hush-Hush tone among themselves, as they know there is no valid proof of the same. There's a text that is floating among the followers of North Indian Digambar Jain community' which is called 'Cjhe Dala' meaning six branches and source its origin from 'Shravan Sanskriti'(Shravan means to Listen). There's a story of "Shravan Kumar' from our 'Puranas'. "Shravan Kumar' was the most obedient youthful son who completely listened to and followed all the instructions of his blind parents diligently and took the burden of his parents for life carrying them on his 'Shoulder', forgetting and undermining his duty towards society. Completely opposed to the story of 'Obedient son Shravan Kumar' there is another story of 'Hiranya Kashyap and Prahalad' where the young son refuses to obey the dictate of his father Hiranya Kashyap' and uses his own wisdom to follow "Dharma". His courage and wisdom are celebrated in the form of "Holika Dahan'. Aren't these two stories trying to teach us some invaluable lesson? After attaining certain age (twenty-five years) and education, do we need to be Blind Followers and follow certain dictate or do we need to use our own wisdom? Is this 'Shravan Sanskriti' any different from 'Sunnat'? <u>SANATAN Dharma advocates the principal of -Shravan</u>

(to listen), Shruti (spoken words), Manan (to analyse) and Smriti (to remember). SANATAN Culture rest on these four pillars or principles where a person must listen to the spoken words of sages found in Upanishad, Ved and Puranas, analyse them and after understanding the hidden virtue and wisdom, learn and remember them, to pass on the precious knowledge to the next generation. 'Bhagwadgeeta' is a Summary of Upanishad it is in a form of a dialogue between seeker and Divine- where 'Divine' does not use Diktat' rather explains the seeker (Arjun) in most calm and friendly manner. 'Bhagwat Geeta is written in the form of a conversation between two friends- where the Devine is hand holding the seeker in most loving manner to help him understand true 'Dharma' or his 'Rightful Duties' towards society.

I most certainly believe that Jainism and Sikhism were not separate religious identity they both came about to reform and protect 'Hinduism'. 'Chandra Gupta Maurya' is said to have become 'Jain monk' after renouncing his throne. Could this be because 'Chandra Gupta' along with Chanakya laid the foundation of 'male dominance and male heir to the throne'? Later his grandson 'Ashok' converted to and rigorously promoted 'Buddhism.

Here I would also like to share my understanding of Jainism (Digambar) as I have understood it throughout my fifty year and trying to see it through 'SANATAN' Lens. Since Jainism was founded to reform the Hindu faith from unnecessary rituals and caste divide, it was propagated in 'Prakrit' language, so that more and more people could understand it, especially the ones who could not or had not learned Sanskrit. Initially it was against idol worship and also against offerings to GOD in the form of flower. It was only later, due to British infested famine and poverty, people started offering Akshat' (raw rice, dry coconut, along with clove – clove increases the shelf life of rice) at temples to help the needy. Twenty-four Teerthankar depict the meditating soul that resides in each one of us- a 'Soul' that has won over its senses and has utmost control over it- Jinendra/RAM. My curiosity also gets me to thinking about why only twenty-four tirthankaras? Why not twenty or thirty-five or hundred? Doesn't twenty-four Tirthankara denote twenty-four hours in a day? When a person who meditates for an entire day finds himself or herself elevated to an awakening a kind of a "renaissance' i.e. rebirth or revival.

While meditating we all become seekers as we draw inwards and seek answers to various aspect of life we have experienced, the deeper we delve the more enlightened we become. Though 'Panch Permesthi' are classified into five extraordinary spirits of -Arihant, Sidha, Acharya, Upadhya and Sadhu, I understand them as the five core elements that each one is created, similar to 'Panch Pandavas' with Krishna the inner deeper soul of Consciousness. The first 'Tirthankara' of Jains is 'Bhagwan Adinath' and depicted through sign of cow or bull. (Since all the Tirthankar are worshiped in the meditating pose – each Tirthankara is differentiated through a symbol.) The second last Tirthankar of Jains is Swami Parasvanath depicted through the symbol of 'Snake'. Through my questions I am trying to delve deep into the 'Pandora Box' -with 'Out of the Box' approach I am trying to unlearn and seek answers from new perspective rather than what is drummed to me in all these fifty years of life. Is it mere coincident that First

Tirthankar is called 'Adinath' depicted through the symbol of Cow/bull similar to 'Shiva' also known as 'Adinath' with Nandi the Bull always by his side? Could this be 'Adidev/ Mahadev' in meditative pose? Also, Tirthankar 'Parasvanath' revered as one of the most popular tirthankara is it NOT similar to 'Krishna' with 'Kalanaaga' or Vishnu with 'Seshnaaga'? Most of the path or the Ashram/way of life in Jainism is similar to 'SANATAN' following 'Satvik' food diet of a 'Yogi', living a life of a 'Muni' (Monk who has renounced worldly material) as the last phase or last Ashram to attain Moksha.

*Even in Sikhism 'Panchpyare' denotes five core elements like the five Pandavas.

In present times religious follower behaves more like a sheep or a crowd that just follows the diktat of whatever the highest authority or religious leader says without really questing or knowing the reason behind a certain ritual. This does not help an individual become a seeker, rather just a follower. And a follower is always beneficial to a 'religious preacher/ so called guru since, a follower will never question a religious preacher but a seeker would always find their answers and thus would never be a follower. Therefore, it is the less learned or less knowledgeable who become followers or the cattle or the heard. I am not a follower rather a seeker who reads and tries to understand the deep precious wisdom hidden in each and every word spoken in 'Bhagwat Geeta'

'The most civilized culture' which believed in 'Vasudhaiva Kutumbakam', 'Vasudhaiva Kutumbakam' means, 'The whole world is one family', you can consider everyone as a family member when you consider others as your own and respect them- This was and still is the 'Dharma' towards humans and animals, which is followed by the followers of Indian SANATAN culture - that is why Indians use 'Namaste' (bowing down with folded hands) as a form of greeting, because they know that the other human being also has the same soul as them. But the kindness and humility of the Indians were misunderstood as their weakness. Using all the means available to the colonists, the oldest culture was attacked. Verbal abuse, physical abuse, misrepresentation and distortion of ancient texts and scriptures, and attempts to destroy ‘SANATAN’ culture were made. Both Christian and Islamist colonists specifically targeted and attacked 'women' as both of these religions are patriarchal societies. The Abrahamic colonialists could not digest the supreme status and equality given to women in this ancient civilization of India. It was unbelievable for them that how could the status of a woman be equal to that of a man? So these attackers were hell bent on destroying this status of women. These attackers raped the women and gave them all kinds of mental torture and even in present times, women continue to be portrayed in a derogatory manner through their mass media in print, visuals and films. The continuous derogatory portrayal of women, these violent abuses and attacks which have been pelting stones at the self-confidence of women for the last three hundred or four hundred years or maybe even many more years before, have succeeded in hurting the soul of women of this ancient civilization.

Prologue

This book is a collection of my poems & their explanation; the collection is bi-lingual as I am a bi-lingual person. I wrote these poems over past few years; through these poems I am questioning certain norms and outdated traditions that are prevalent and dug deep into our society today. Most of these norms and outdated traditions have no root and does not resonate with the "BHARTIYA – SANATAN' culture. These norms and customs are as hollow as the western attackers who brought them, as a part of psychological warfare. The attackers who not only ruled "BHARAT' but continuously attacked its people, its traditions, its education, its values.

Mahabharata, Ramayana, Bhawatgeeta are Mahakavya (Poetic Verses). Each and every one perceive these Poetic verses according to their level of understanding. As an author/Poetess, I am sharing my insight and perspective about life experiences through my poems, therefore I am writings the meaning alongside, so that everyone has clarity about what I want to convey through my poems.

Today, after enduring continuous structured attacks for more than one thousand years by Abrahamic attackers, our SANATAN society has completely forgotten its core values that teaches of equality & diversity as the only supreme 'Dharma". Due to the continuous attacks- today we have lost our pride but are full of pretence and are busy showing to the world what we are not. Just like the colonialists/invaders, today we are full of empty ego, hypocrisy and ostentation, most of us do not even know the true meaning of religion. We got so entangled in the books of English education system that we left reading our ancient scriptures and became blind followers of hypocritical 'babas' and got trapped in superstitions. Example- A person might not know the true meaning of Jina' but uses the surname as Jain because the father used it! A Diwedi might not have read even a single Ved but uses the last name as having mastered two Ved!

Due to continuously studying under the colonial/communist education system that continued even after independence and teaches one to only rote learn and not analysis, most of us are becoming a non-thinking, non-rationalising herd who is waiting for directives. The herd that blindly believes that an "Elephant' only looks like its trunk OR believing like the 'Chinese Wisper' game, never caring to enquire but to only accepts irrationality these rhetoric or customs.

In all these attacks whether violent or non-violent, the one who has paid the greatest price is 'BHARTYA ETHOS' & 'SHAKTI' or Women. 'SHAKTI' one who worked hand in hand with ancient Indian prosperity & progress in the form of Rishika/Vidushi, the one who still is half the population, but missing from action or from power in all areas, the one who is reduced from living Lakshmi-Durga to a non-living stone or mud Statue that is decorated/worshipped out-worldly once or twice in a year, owing to diluted teaching and preaching by media.

Life is a journey, it can be happy, beautiful and joyful like a festival every 365 days of the year, when we promise to take care of each other 365 days a year, hold each other's hand and face the challenges of life. In the ups and downs of life, we don't leave each other on someone's saying, we don't disrespect and insult each other, we don't let the thinking of the aggressors dominate our Indian culture. If a person really becomes enlightened, then that person can create 'heaven' for himself and others. A home can be transformed into a temple through mutual respect, courage and hard work of enlightened souls; the same home can turn into a hell because of ego, jealousy, cruel behavior and exploitation of others. Only then will you be able to attain happiness and peace - When the mind experiences happiness and peace, only then will prosperity come, only then can salvation be achieved. And this is what true MOKSHA' is.

Table of Content

I am Durga, I am Jagdambba, I am Arjun and Krishna.

I am Durga, I am Jagdambba, I am Arjun and Krishna.

Standing all alone, wearing my fighter spirit- surrounded by voracious hawk.

There are battles I have won, battles I want to lose, for judging- glaring people?

Not to prove a dime, they are people they'll judge, don't want to ponder and lose my precious time.

Meaning- Through this poem I have tried to raise few basic questions and answer them such as who am I', what is winning or losing?

'Me-I'- Myself- who is this person the outer covering of the body in the form of female or male, the name Durga or Arjun, are the same or are they different person? When I talk about 'I-Me-Myself' then what I really mean is the inner soul (internalise) the one which is born pure, one that has values, morals and in that sense, everyone is interconnected and inherently same.

When we are born into this world we come through same route, through our mother's womb, we all come alone, we form all relations here and when we die, we leave all relations here. No body joins us in our very first or our very last journey. In between these two major journeys, we are surrounded by relations/ people. Life is like a battle field, where we are always given two choices one of righteousness'& consciousness and the other of deceit and greed. It is up to each one of us which one we will follow.

Sometimes following the righteousness' path is full of difficulty, one finds itself all alone, it is at this time each one us must realise that we are not alone, our body which is composed of five elements (Pandav/ Arjun) is always there with us further guided by our internal consciousness-the Paramatama (Krishna) that resides in each one of us.

All the human beings are a collection of five elements like /Arjuna, who have to struggle step by step in this cycle of life in order to survive. We all have a divine within our body, who inspires us to walk on the right path, leaving behind any illusion, trap or greed. As long as we irrigate this divine form- Shri Krishna, with self-contemplation within us and have the courage to follow the true path shown by Shri Krishna, then only we are worthy to be called a human being, otherwise we are a lifeless creature or a demon.

And as long as we have consciousness, values combined with righteousness, praise & victory become meaningless. When you win over greed, when you heart is still pure with truthfulness without having to give in to adverse circumstances, when you look yourself clean & pure in mirror, your soul your conscious is intact, you have truly lived a victorious/ glorious life.

When this revelations dawns on each one us that is the real religion of humility, where truth triumphs, where there is equality in every sense only then there can be peace, prosperity, and Heaven will sojourn upon us.

Everyone is drunk

Everyone is drunk,
Some are drunk on cannabis, some on alcohol,
Some on money, some other are drunk on status,
Some on games, some addicted to books,
Some on TV, some on radio,
Some drunk on the honor of family,
Not bothered about whereabout or mental status of their own people, but in the news of the whole world.
Do Not care about what's happening to their motherland, as such people are self-consumed.
People are self-consumed, everyone is drunk.
In their pomp and luxury,
In the race to gain fame,
In the race to reach the top, everyone is drunk.
Do not care at what cost, even if this society is sold?
What if this country is sold?
People are self-consumed, everyone is drunk.
After contaminating this land, they want to conquer the universe.
And want to settle down on the moon.
Hundreds of Jaichand and Mirzafar are having gala time today by ruining the country.
Who cares about the country?
People are self-consumed, everyone is drunk.

They are boasting of false happiness,

And are bowing head before ostentation,

In false worship, in the path of false prophet.

From searching for God, to the path of claiming to be God,

People are self-consumed, everyone is drunk.

Searching for God in idol worship, and false priesthood,

Everyone acts like a preacher, showing mirror to others, forgetting to look themselves in the mirror.

Most are claiming & pretending to be God,

In the race to become the Messiah, in the hope of becoming a Mahatma.

What if this country is sold?

People are self-consumed, everyone is drunk.

Young in his youth,

Old are busy in preparing their death bed comfortable and plush.

By killing the innocent and lifeless, the cannibals pretend to sing the praises of God.

Old people on their deathbed have endless desires not from themselves but from others.

Strong and powerful exploit the weak and simple pure hearted,

Everyone is confused, everyone is intoxicated.

What if this country gets sold?

People are self-consumed, everyone is drunk.

Meaning- Through the poem 'Everyone is Drunk, I wanted to talk about people who are Drunk on power, consumed in selfish gains, the various addictions that has stained our society. Due to which in-spite of seventy-five years of independence we have not been able to achieve prosperity- at mental level or monetarily. We are still competing for bare survival, & hardly staying afloat. The reason for this I feel is that the colonial education system has uprooted the real education of the people of this country and got them hooked/addicted to superficial attitude and Materialism, where most of us are busy consuming than to think about giving back either to Motherland' or 'Mother Nature'. Most of us want maximum return with little or no hard-word. Most of us look for self-interest than what is good for the society, nation or nature. Nature has abundant resources for everyone but because, most of us want to consume more than what is really required with minimal attitude to returning back, this is leading to exploitation not only of nature but of the weak.

When I am talking about addictions, what I would like to emphasise is the fact that people are not only addicted to smoking, alcohol or drugs, but reading newspaper, watching television, being on social media for more than an hour every day is an addiction too. Reading newspaper every day without fail is an addiction too. There is mostly bad news or negative news in newspapers of Bharat Most of these newspapers have colonial imprint/ legacy. Do we really need to start our day with negativity? More than the world affairs we need to be socially aware and act responsibly towards our surrounding. Reading newspaper everyday creates too much clutter in our mind and too much waste paper in our homes at the end of the month, this causes cutting down of many trees. To be aware of our society and current affairs of the world we can easily shift to digital platform, this will also help us to gain varied perspective on a particular issue rather than relying on just one platform.

Lot of people are bundled up in their ego, greed, jealousy (all ten vices depicted through Ravana) such people have no time for introspection as they are too occupied and consumed with themselves, these very people would portray to the world as most knowledgeable & are very much interested in knowing what is happening in everyone home or around the world but do not care about what is happening in their own family and treat their own family members with disrespect & inequality. Such people are more concerned about image building and would go to any length to build that, would not hesitate to even hurt anyone on their path of self-interest at the cost of society. If the family unit is unhappy it would lead to segregation & if segregation happens at family level, then how would it lead to growth of society and ultimately of country and world at large.

People filled with self-love and greed have captured almost entire earth and now such people are eying space and universe with their ambition of space tourism, Housing society on moon & in Ocean. Not thinking about returning back to mother Nature- on the contrary squeezing every ounce & flesh in the run for showing to the world the most powerful & mighty. Using symbols and religion/caste to fool people towards their blind faith to control and conquer others in the garb of sainthood.

Today, almost all around the world, more & more people are giving in to greed leaving the path of truthfulness due to the surrounding and environment around them, leading to a society full of slaves/ workers & blind followers where there is hardly any peace or prosperity left, where everyone is waging war in their fight for survival & identity.

In my view one of the Abrahamic religious cult is a thought process where a person considers himself as the best and his action and religion as the most supreme, considering themself to be different and best from others. The thinking of this cult does not believe in equality or Justice, and only believes in mono and cancel culture. And the spreading of this thought process is 'Gazwai Hind'. People who do not speak the truth and set no demarcation between right & wrong for money, power & ambition is heresy. Due to this heretical/ vidharmi mentality, our oldest civilisation is getting tarnished and this heretical mentality has started residing in every household today due to herd behaviour, mono and cancel culture.

If we do not separate this heretical mentality from us, then the day is not far when human life will become mechanic and stone like in Japan, America and China, where there is dazzling, high rise, shining buildings and concrete roads and jungle, but no peace and inner happiness. And if we continue in same speed then the day is not far when Taliban thought process would take over- Taliban is symbolic of barren lifeless land with no happiness-only bloodbath of gun holding zombies.

Jaichand' would go down in history as one of the worst perpetrator of 'Sanatan Dharma' He deceived his own Daughter for not following his diktat and Jaichand made sure to bring down her Daughter along with her Husband 'Prithvi Raj Chauhan' who was trying to establish the 'Dharma Rastra'. Jaichand was so full of ego deceit & rage that his actions ultimately led to the downfall of the "Bharat Varsha' and its 'Sanatan Dharma'.

Today, we see 'Jaichand in almost every household where people destroy their own homes for false pride and ego, and do not think twice before deceiving their loved ones for materialistic gains. In the race/competition for projecting themselves as the most religious and saintly or most special person a lot of people are not only destroying their family unit but also society and 'Sanatan Culture'

5

5 https://www.aajtak.in/business/news/story/jefferies-says-on-ram-mandir-that-rs-85000-crore-makeover-in-ayodhya-could-attract-over-50-million-tourists-per-year-tutc-1864432-2024-01-22

Ram Rajya disintegrated

Ravana is in every home, Ravana in the mind and soul,
Lanka is visible in almost every house-hold
In which Sita cries.
The meaning of worship and penance changed,
People in a house-hold aren't connected.
Everyone seems bonded in chains,
Stuck in the trap of gold, silver and shillings.
Ram Rajya is disintegrated,
Ravana is in every home, Ravana in the mind and soul,
Chains have captivated every mind,
Gold ornaments in every house,
Even grains of gold in every cage,
Most are devoured with Promises of Ultra affluence.
Where body and mind are imprisoned in materialistic sheath,
Ram Rajya is disintegrated,
Ravana in every home, Ravana in the mind and soul.
All urbanites behave like Ravan,
Ram could still be seen in very few villages,
Playing peek, a Boo there too,
As Ravana peeks from most house-hold,
How did we get so disoriented and disintegrated?
compete to ape the west, blinded and so urbanized to have forgotten our own roots!

Ram Rajya got disintegrated,

Ravana is in every home, Ravana in the mind and soul.

Women are being sanctioned and sacrificed,

There is no respect for her work, only sharp hawks to tear her through!

Ravana resides in every city, every home, heart and soul.

Shiva's dum-dum damru plays, seeking Parvati night and day.

Sita will continue to sob, till all women suffer and have no say!

Until Kali and Shakti reside in every woman.

As long as women is being measured, judged and sanctioned,

Scrutinized and severed with razor sharp hawk lens,

As long as Lakshman Rekha is drawn,

Till she is robbed of her dignity,

Untill then Sita will have to sob,

It's time for Kali and Shakti to reside in every woman.

Otherwise only Ravan will reign supreme,

After all, this is Ravana's kingdom,

This is why Ravana is in every home; Ravana is in the mind and soul.

Every state will now be Haryana,

Where the glory of woman is sanctioned and sacrificed,

Only money is glorified.

Haryana seems in every house, Ravana reigns in every home.

Sadness and cries in every house-hold, Ravana's roar is on every mouth,

In the guise of Janak, Kaikai or Dasarath,

Lamentations and mourning covered under the mask of laughter,

Kurukshetra could be seen here and there, Kauravs are winning everywhere.

Ram is the beloved of mother and father; the world calls him and seeks him.

But in today's chaotic world, the game of declaration and race to become 'Mahanatama' is on,

Ram name is being used and misused.

Leaving own home in chaos, want to take on the burden of welfare of the world,

What was Ram's responsibility? Why did Sita become helpless?

Who left her helpless?

Who would chant Ram Dulari?

The whole world is masked under the veil of power and glory,

Don't shatter Savitri and Sita's faith, for every woman's commitment and patience.

Soon this patience will be worn down, the shackles in the mind will be blown down,

When Draupadi, Chamunda and Shakti will be there,

Then houses will go through 'Mahabharat' and hell will lose,

Ram Rajya got disintegrated,

As Ravana made inroads in every home,

Ravana in the heart of all those who seek fatherland.

Ravana is in heart and Soul.

<u>Disrespect towards women/ feminine energy in a Society is the advent of the Devil's era.</u>

Meaning – Ramayana is not just a story-the Sanskrit poetry written by sage Valmiki has deep Truth relevant in all yugas- It would have philosophical and Spiritual significance for everyone who would try to read it- Rama was born to Dasharatha and Kaushaliya-'Dasharatha' Means 'Ten Chariots'-Ten chariots symbolises five 'Karm Indriya' and five 'Gyan Indriya' i.e. five sense organ-see, smell, hear, voice and touch, and five organs of action- eyes, ears, nose, tongue and skin. Kaushaliya is a Sanskrit term meaning 'Skill'. Thus, it means the one who can skilfully ride the ten chariots at same time, that is the one who is capable of controlling their actions and senses in all circumstances. One who is born in Ayodhya'- A-yodhya' means where no war can happen-our mind is in constant conflict – therefore a person who has overcome all conflict in action and senses becomes fearless and radiates from within.

The words 'Rays' and 'Radiance' comes from Sanskrit root word 'Ra'-meaning Light-'Ma-means with in me or in my heart, so RAMA means Light within Me. The one that radiates in every particle of the being is RAM. Therefore, ('kand-kand') means RAMA in every Atom/ particle. When we are enlightened with Ultimate truth, we stop fighting with ourself and with people around us that leads us to real liberation. And this liberated state is the ultimate state of 'Bliss'. Why only 'Ram Lalla' idol at Ayodhya Temple? Lalla denotes small child & small children's heart is always pure and always speak the

Truth free from Manipulation's, as we grow up we try to manipulate people around us for our self-interest & greed as we do not have our senses & sense organs in control we get infested with "moah" (meaning fascinated)& 'maya'(Temptations, illusions) causing conflicts in our mind - And Sri Ram Lalla statue denotes that pure Soul that each child is born with.

In the poem Khandit Ho Gaya Ram Rajya, I perceive Ram Rajya is a Utopian state where everyone is treated with respect, there is love and respect for everyone including nature, no one is greedy, everyone is happy and content, without a peck of greediness, no corruption at any level, and with Ram I mean the soul that is pure and truthful, the one who stands with Righteousness. Ram and Ravan are equally brave but with a major difference is that the Ravan takes women for granted and does not respect her (married thrice and still eyes Sita)- this leads to the Khandan' or destruction of Ram Rajya, where for self-love and greed like Ravana did not care for his own wives but ran after Lakshmi (material wealth) to create 'Sone ki Lanka' i.e 'Materialistic World'. Today we see worst manifestation of Ravan in lot of households, where women's role has been side lined. People education level has become so poor that they are not able to comprehend that living a disciplined life and bringing up children together with the experience of one-another is no less than Pooja and Tapasya' in true sense. Unfortunately, Macauley education system has trapped us in an unending cycle, where parents in spite of their own bad experience are pushing their children into the same rat race and herd behaviour of earning and consuming, in the lust for earning more and more monetary gains at the cost of balanced lifestyle. Where everyone is finding themselves trapped into this colonial system of bondage, without free will. It is like a golden cage where we are working like mechanical robot workaholics without family life or work life balance working till late in the night, no time/ schedule for eating, exercising, or sleeping behaving and also being treated worse than animals, for a company like a puppy dog complete with a leash in return of a fixed package at the end of the month for surrounding ourselves with unwanted luxuries and consuming things that one does not even need for a peaceful happy life.

Modern day work life in urban plush areas is like a world of Miraj' where we want to save enough for the future, never really knowing what that future looks like or whether it would be there? As due to the ever-busy lifestyle we are consuming more than we could ever save, also due to the stress of competing and outdoing each other in terms of maintaining that lifestyle lot of us end up losing hard earned money to cure lifestyle related health issues, circling doctors and hospitals. In a run for that ultimate luxury the illusion of which is created on various media portal we forget the ultimate truth that we are a guest of mother nature and would return empty hand to the world we came from. Therefore, as a good guest we must try our best to return whatever bounty mother nature showered on us without being enslaved with our greed.

In few, I say few because today in most villages of India people have got lured into artificial, mechanical, & materialistic lifestyles. However, there might be few rural areas where life would still be peaceful and happy where people have not yet caught up with luxuries and mad rush for material goods. The monstrous media has its evil eye on these simple village people and inciting them to the mirage of artificial luxurious lifestyle.

In urban areas, most of the people have surrounded themselves with artificial outlook, they do not think twice before having undue expectations from other or even causing mental and physical harm to others if their self-interest or expectations are not met. The British in India had set up such systems and processes including the education system that people of India find themselves coiled into and find it difficult to come out of the colonial mind set, that was drummed for past 200-300 years of caste and gender divide. And the worst suffer of this colonial mindset have been women who faced the worst atrocities of Christian and Islamic colonial mindset that is female subjugation and male supremacy.

When I write But in today's chaotic world, the game of declaration and race to become 'Mahanatama' is on,

Ram name is being used and misused.

Leaving own home in chaos, want to take on the burden of welfare of the world,

What I really mean by the above line is that a lot of times there is too much love between husband and wife just like Ram loves Sita, however because of the people around, Ram (husband) usually ends up asking Sita for Supreme Sacrifice (agni pariksha), in an attempt to continuously proving oneself as most righteous and courteous in others eye, are we not destroying our lives? We only spend twenty-five years of our life with our parents; rest of the lifespan after twenty-five years is spent with our life-partner or 'partner for seven lifetimes' as they vow during marriage. Marriage could either turn into a bond of lifetime or a nightmare broken abruptly depending on the foundational years of marriage. Parents give us lot of care and shelter during our initial years. Children must acknowledge this and must always be respectful towards their parents; at the same time the parents must also bring up their children with the idea of 'Nishkam Bhav' or without expecting anything in return for bringing them up. Parents duty is to bring their children up as good human being who would contribute positively towards society. Parents should not bring up their children as their 'Provident Fund' or 'Retirement Property' specially their male child. All these aspirations of parents from son lead to social evils like female foeticide and infanticide, dowry, dowry death and where love and respect vanishes from family, what remains is only toxic relationship. We must understand that Ram and Ravan are not gender specific, anyone who practices goodness, has compassion, humility towards others has Ram residing within him or her. Anyone with the manifestation of greed, anger, ego, lust, procrastinator, dishonesty, with either one or more than one of these negative traits makes someone into a 'Ravan'. Today, in the Neo-Colonial World with Macauley Education system, when we have stopped reading Ramayana & Mahabharata (* due to Macauley education we have segregated and divided ourselves into Sikh, Buddhist, Jains, Vaishav, Shaiv & are reading religious specific text), most of us are not understanding the depth that is conveyed in these Epics, why after Valmiki, Kalidasji added Utter Ramayana, where he mentions about Sita leaving for forest (* we all live in a forest like structure and have to fight for our existence & continuously keep fighting to preserve our life), here isn't he trying to convey that the distance which is created between the two most loving soul is because of the people around them. Therefore, when Ramayan and Utter Ramayan Happens, Mahabharata is bound to happen that is why Ramayana is Satyug and Mahabharata a Kalyug. Thus, if Ramayan goes on in any family, then the future would only be Mahabharata Yuddh/ war. The war that was fought to undo the unjust deeds.

Why is it that we have only started following only one aspect of Ram & Sita that is of their sacrificing roles, (popular media outlets only depicted and enhanced only the sacrificing submissive role) is it because this is what the attackers wanted us to be? Like Ram & Sita? Submissive, quiet and not speaking up against unjust against your own father or your own husband? In a Grihastha ashram, if things are not going in your favour, then leaving everything or moving to forest and becoming an ascetic is the answer to all the worldly problems? Shiva is the First Yogi, he is 'Devo ke Dev 'Mahadev' he did not leave Parvati to become 'Adiyogi', rather taught her the Yog mantras, but today and since Gautam Buddha & Mahaveer Swami left their wives after marrying them, a lot many among Buddhist & Jain's have started believing that we can only attain moksha alone, either by not getting into wedlock or after leaving the wife without seeking her permission (in Jainism a wife needs to seek permission of her husband for 'Deeksha' ceremony but a husband does not require such permission?) There was also a time in Bharat when to escape the life of sorrow, many renounced 'Grihastha Ashram' and becoming a monk started trending without the necessity of completing the full cycle of 'Four Ashrams'. Was this the reason Buddhism did not spread in India so much even though Ashok tried his best to impose it here? The major population of Bharat believed in Shiva the Adiyogi as their Role Model (anuyaaee), therefore, one will not find Jain temples or Gurudura till about late seventeenth or eighteenth century. It is only after the British/ Europeans came to this country and wanted to further divide us on religious lines that separate worshipping institutions were encouraged to be built for different sect and pant'.

This segregation and divide among the 'Indian society' have been so badly infused that now every sect and panth' want to see themselves through separate religious identity. I hear about the verbal claims from few among the Jain community that this particular Ancient Shiv temple is actually a Jain temple- I want to question these few, if these verbal claims were ever contested in court of law during British empire or after Bharat became independent? If not then why? Is it because it will never hold any ground? To make hush- hush verbal claims on Shiv Temples within the four walls – Do they believe that repeating it again and again in hush hush voices maybe it will become true one day?

Today, under the influence of ignorance and limited mentality imparted through Macaulay Education, we have started considering the most heretical and hypocrite person as the greatest religious leader and Mahatma. By considering the subtle knowledge imparted by them as Brahma knowledge, we have become blind followers and have fallen prey to ostentation. Instead of giving time to Upanishads, Vedas and Puranas, and instead of reading these text, people are bowing down to these hypocrites and heretics who have given themselves the status of Guru and even God, and people depict blind devotion to them. Our Puranas, Vedas and Upanishads which contain immense knowledge and hide the immense power and knowledge to introduce us to the universe and God, we have abandoned them in order to satisfy our material desires which are like a golden deer and due to our laziness and haste we are expecting knowledge from hypocrites. These hypocrites who have given themselves the title of religious guru and even God, after reading any one scripture, distribute a drop of knowledge from it among people and hide the rest as per their benefit or do not discuss that part at all. All these hypocrites move around with their group of disciples, or are seen flaunting their subtle knowledge in a large group, but these hypocrites are never be seen participating in any real debate on an open platform. These hypocrites living amongst us have destroyed us. Our own father, our own brothers, by becoming Jaichand, invited Malicha (Khilji) as a punishment for their own daughter who chose her own marriage with Prithviraj. This wrongful deed of Jaichand against her own daughter who defied her father's diktat, ultimately turned the entire country into hell. Did such acts not set floodgate of attacks against 'SANATAN' Matriarchal civilization?

The attachment to power and greed is like the golden deer, for their attainment we waste our entire energy and capabilities. We should keep our form like Shiva, Shiva who is an Adi Yogi - he could become Adi Yogi because he did not lose his balance in any way, did not get trapped in the web of attachment. Happy/ content as much as needed and angry when needed. Spent the worldly life with Parvati ji without losing balance, as the best yogi - This is an inspiration for all of us. This is the foundation of our Sanatan civilization and that is why there were only Shiv Mahalayas/ temples in our entire country two and a half thousand years ago - since the time we got detached from Shiv-Shakti and got divided into worshiping different deities- we too began to fall apart - our smallest family unit, husband and wife became distant from each other, our society broke down and so did our country. We must also be cautious of such religious leaders who, in their desire to increase the number of their followers/disciples, are converting and attracting people towards their sect and religion. Today we have to bring back Shiv-Shakti, if we want Ram Rajya and not Taliban rule, where everyone is treated as equal with mutual respect and dignity and where there is true happiness and content, only then everything can be prosperous and rich, therefore, we too need to be a devotee of Shiv-Shakti like Ram.

I am an Indian woman

I am an Indian woman.
Like a flowing stream
Pure and clean as Ganga.
Whom Shiva graced on his head.
Who has the power to stop me?
Who can tie the flowing stream?
Whenever I ignite my mental courage and strength.
It has the power to break all bondage or chains?
Neither mountains nor rocks could stop it.
I am an Indian woman.
I am like a majestic waterfall.
Rudra and very majestic.
I am like a gust of pure, cool wind.
Like playful clear water and fragrant breeze.

I was sacrificed for False values.
Killed for family's pride.
Made accountable for washing away the sins of sinners, how did I become a sinner?
What kind of conspiracy was hatched?
Why mother, why father?
How did I become someone else's property for marriage ceremony and what is this concept of dowry?
Enough of these strange customs.

Like a torn dirty linen piece.

Why should I cover and hide? I have done no crime!

I am like an ocean in a pond.

No, I am not like a helpless lass.

I am like Rani Lakshmibai.

I am like a gust of wind.

Who hatched this conspiracy?

In which the woman is suffering.

Why did you follow the tradition of donating your daughter?

When and why did the tradition of Kunwar Daan was lost? Why did you not follow the tradition of Kuvar Daan?

I am not someone else's property.

I am like water as pure as a spring.

I am the queen of my colony.

In this jungle like life, I am Maa Shera Wali.

There is no false traditions that can bind me.

Or bow me down before false pride.

Or can tie the flowing stream.

Whenever I ignite my mental courage and strength.

Neither mountains nor rocks could stop Me.

Upon receiving my unadulterated touch.

That is Pure love and sacrifice of mother, sister or wife.

One becomes the most elevated human being.

What mountain or pebble?

When I flow through like gust of waters.

My Midas touch turn mountains pebbles into gold,

That are Worshiped like Shankar.
I am an Indian woman
I am pure, like a breath of pure bliss.
Like playful, clear flowing water.
I am pure and clear like flowing Ganga.
Whom Shiva graced on his head.

Don't take away my pride.
I am also the pride of this virtuous mother earth.
I am an Indian woman.
I am like a majestic waterfall.
I am like a gust of pure, cool wind.
Like playful clear water and fragrant breeze.

Meaning: Through the Poem I want to question the imbalance in the society that has been created in favour of men, after the Abrahamic attackers attacked the SANATAN society where women were powerful and held prominent positions. Therefore, through the poem I want to trace and question how the society that gave so much importance to feminine energy and accepted them as an equal an important part of society, how such a society over the years started devaluing women and today the Indian society has become a Patriarchal society due to the influence of western media that represents women in derogatory manner, and if a women is successful she is always presented in negative shade. Though, I do completely understand that there are fair share of women 'Shrupnakha' (Toxic feminist) who cause pain and harassment to men, at the same time we must also acknowledge the fact if there are any such case where women is at fault then its blown out of proportion, and on lot of occasions women victims are shamed and questioned.

Why no one questions the fact that in spite of being at least half of the population & mostly scoring highest percentage of marks at school/ college level compared to boys, women are not able to make twenty-five to thirty percent when it comes to work force specially in higher powerful positions. We usually find women restricted to home bound, care giving jobs for children and elderly- and market driven outside work where we see males holding top positions in mostly all sectors, even after seventy-five years of Independence? Should society not Question this Gap? It's very pertinent to ask this question today, as in Bhartiya civilisational ethos females occupied equally important positions as males if not more. During Ancient Bharat, women made huge contributions in all walks of life, be it science, fine arts, commerce, they were traders, and nevigators, political leaders- Rishikas/ Vidushi's like Gargi, Maitri, Lopamudra there are many more examples that exemplify the prominent position that women had during the Ancient Vedic Indian society. This prominent position suffered a great setback due to continuous attack from Abrahamic invaders, these attacks were both mental as well as physical, that continued for close to one thousand years. Initially it was most brutal form of physical attack, today and since independence we see brutal form of mental and psychological attack that is done with the help of media.

Those who call themselves Liberal or Feminist today, are actually pseudo liberal and pseudo-Feminist, who put up written piece in the form of messages, derogatory movies against women & justifying gender inequality! Pointing them as gold digger!? It is not surprising that the colonial system that were after women empowerment, pushed them to menial jobs or home bound and no one questioned about how is it possible that after seventy-five years of independence & women being close to fifty percent of the population, but when it comes to job market, they are barely fifteen to twenty percent, be it in the form of engineers, doctors, judiciary or cooks, management at Hotels are dominated by males, housekeepers are mostly females? Pilots around the world are males, and flight Hostess are usually females? Kindergarten, primary and middle school teachers are mostly females but teachers at higher level positions are mostly taken by males? There are lot of examples from Bharat, where there have been examples of Great Queens who have been great leaders, warriors and strategist, like Rani Lakshmibai, Rani Didda, Rani Durgawati, and most of them being widow took charge of their empires efficiently. There is also an important example from twenty-first century of Café Coffee Day founder's wife **Malavika Hegde a widow who** turned around the business into a success story after the death of her husband. In spite of so many achievements of Indian women specially of warrior Queens- Women were specifically kept away from Army and police under British rule and later after Independence same trend followed. Women were not encouraged in armed forces and were inducted in very few number that too for short services in 1992, it was only in 2022 that that women were allowed to compete in National Défense Academy and within a year or two of females joining the National Défense

Academy, an Army general's questioning females in leadership role is highly discouraging that derails the already unwelcoming environment for female cadets. All these aspects have kept females at a very discouraging platform. This discouraging trend against females is also visible in the sex ratio, where female population suffered in comparison to male due to female infanticide and foeticide specially in states like Haryana.

The once very prosperous society, that was called the 'Golden Bird' because of the immense wealth. Bharat could accumulate so much wealth and prosperity as everyone was treated equal and contributed equally to the wealth of the nation. We could say Male dominance started to show its visibility after the invasion of Alexander, though he could not succeed in conquering Bharat through force, he did send his spies to enter the society. It was only after the Alexander attack that Mauryan Dynasty was established, where I feel that women position did suffer a set-back, as queen was expected to produce a male heir to the throne. It was also the time when 'Buddhism and Jainism grew into prominence, that saw only male figure as God'. Mauryan Dynasty only integrated Bharat for three generations- Chandragupt, Bindusara and Ashok. Chandragupt became a Jain Monk and Ashok embraced Buddhism. After Ashok, not only the "Mauryan Dynasty' disintegrated but it also led to the disintegration of the Bharat as the core philosophy of 'Gender-Equity' got uprooted in a way. The shallow and narrow concept of 'non-violence' took its root during this time and paved way for flood gate of Abrahamic attack.

This shift of India from a matriarchal society to a patriarchal society was due to Europeans and Abrahamic attacks, traces of which could be tracked back for more than 2500 years ago when Alexander tried to capture Bharat but could not enter through force so he send his soldiers/spies to penetrate the Indian Society in the guise of common people, to spy on us and gathered information on how to break us and by the time Kautaliya established Mauryan empire one of the European (Helena- a Greek Princess) was married to Chandragupta. These European citizens though a tiny fraction of the Sanatan society were the ones who laid the foundation of creating cracks in the SANATAN society, a society where gender whether male female or trans were considered equal in-fact Trans were held at higher ground due to the fact that they had both masculine and feminine aspect & therefore understood both better. Female energy was also placed at higher level as they were the creators of future generations to take forward the SANATAN ethos forward. But when these European citizens penetrated our society, they started fragmenting the SANATAN society with irrational rituals and backwardness that were prevalent in their society like child marriage, witch hunting started slowly making inroads in a prosperous and well-informed Bhartiya society. It was the greed and self-interest of few people in the beginning who accepted these backwardness and rituals and started using them and manipulating them for the selfish gains having a worst snowball/ avalanche effect. It is during this phase that we saw rise of Dharm Guru also referred as Mahatma like Gautam Buddha and Mahaveera who refused to accept the Vedic/ SANATAN way of life and rejected Upanishad. It is because of this reason most people rejected Buddhism in India initially and Ashok could only spread it out of India, even though Ashok converted to Buddhism before the Kalinga war and tried to spread it in India. People of Kalinga preferred to fight against Ashok than to bow down for conversion to Buddhism. And as for Jainism-It was never really considered a separate religion than SANATAN till the eighteenth Century and even today by many. A lot of written material that is found on Mahaveer have too many similarities with Gautam Buddha- place of birth (both Nepal), both were prince, both left their wives in the initial phase of marriage. Jain book (Jinvani) and most Jain temples came up in 18th century. People also started writing their last name as Jains during this time only because British (European) were using all sorts of tools and technology to fragment and divide this society badly. While forcing the people to write their last names they were aiming for long term disintegration of our society into caste, sect, gender and religion along with breaking up the SANATAN education system at pathshalas along with collecting vital data and information at their disposal that could be used to continuously break this society by identifying and then paying handsomely to handpicked greed infested people. As the British put a ban on Ancient Indian system of education with it went the equal opportunity that were given to all students along with disappearing of text like “Ramayana” and Mahabharat’ that were an integral part of the Indian education system. The new Macauley education system required to enrol the child with not only father’s name but British education also insisted and forced on child’s last name, this was laying the foundation of future disintegration Indian society into caste, religion/ sects (Jain, Sikh, Buddha) and also gender discrimination. It was the

British colonizers that kept people of Bharat segregated in different caste and religion for power, today also its for political power that politicians want to keep people segregated into caste, religious and gender divide.

And it was this well-crafted Macaulay education that paved the way for backwardness of thought and action, their backwardness in beliefs, rituals and blind following of cult figures by the people of this country. Through Macaulay education people were colonised mentally. It started with mental colonisation of very few then came the physical colonisation and today in the 20th Century most Indians all thanks to Macaulay education are living in a mentally colonised state, aping the west and waiting for someone else to rescue them from that state. This mental colonised state began when Mahmud Ghani attacked Somnath, pilgrims who were there in thousands of number kept waiting for someone else to fight for them or protect them, as due to the utmost belief in 'Ahimsa Parmo Dharma' or Non-violence most of these pilgrims had chosen the path of meditation and Bhiksha and choose to lay down their lives than to fight against the invader to either protect themselves or their nation! Today again in the 20th Century we are again in that same state, visiting temples, blindly following rituals and listening to self-proclaimed gurus, instead of making efforts to read text like 'Bhagwadgita or Upnishad' to elevate oneself from the cycle of birth and death to be able help in nation building.

All the western societies including America & Europe, so called development model was laid on the atrocities of weak specially women- based on the dictate of few. Instead of solving the core gender divide they try to confuse ppl with tools like LGBTQ! Never really to solve the core problem. Ancient Bhartiya civilisation was the only society that believed in Gender equity that is why it became so prosperous & rich. A knowledgeable woman has immense energy, if she uses this power in righteous manner, she is capable of raising strong and capable citizens and when this immense energy combines with the equally strong and intelligent power of male counterpart it becomes a source of infinite energy creating wonders and miracles. This is what is depicted through Shiv-Shakti.

That is why the ideal husband wife relationship is considered to be that of Shiv- Shakti. And wife is considered as 'Ardhangani' or 'Aadhaang'- meaning husband and wife are one person and she is an equal half & not lessor or better half! Husband and wife are 'Purak of each other' in other words both complete and complement each other & NOT compete with each other. Together as 'Purak' they bring about (raise)'buddhi' or Ganesha & lay the foundation of rich, strong futuristic society.

Philosophy of our sages- 'yada poojeyte' naari-tada ramayte devta'! meaning- Only those families and society prosper where females are respected!

[6]

[6] NCERT, Democratic Politics-1, Text book in Political Science for Class IX

Naked dance of Democracy

Where have we come in the name of democracy?
Where right is wrong and wrong is right.
Where people's mind have been paralysed,
with continuous media projections.
The staged scenes of lynching, protest for Sabarimala,
In the name of freedom of speech and expression.
Where have we come in this naked dance for democracy?
Where right is wrong and wrong is right.
Oh! Man kind beware, look around you.
What these colonizers have done in the name of democracy?
Where right is wrong and wrong is right.
Don't clout your mind with staged scene of media,
Put your thinking hat, open your third eye Wikipedia.
What happened in Africa, Chechnya, Ukraine, Venezuela, Bangladesh or Sri Lanka?
Is there a difference between West Europe or North America?
Colonizers are again gaining ground,
Controlling first our land now also our mind.
With the staged scene of media,
Open up your third eye Wikipedia.
Oh! Mankind, have the power to analyse,

In the name of democracy do not rationalize.

Where right is wrong and wrong is right.

Meaning: Indian society is a truly democratic society, democratic ethos are engrained in our society. Indian society was the most civilised society that developed the concept of 'Samiti' and 'Sabha' that choose their own leader or king in open gathering. A king or a leader was chosen by the assembly of people, system of male heir or kings son acceding to throne probably became popular after Mauryan Dynasty. After the European colonizers left, they tried to preach their homogenised version of Democracy. These colonial countries actually used the term "Democracy' (Demon-Cracy), to impose their style of governance on the conquered lands. And in the post-world war era waged war on other land in the guise of establishing democracy. But the motive remains the same economic loot – to conquer land and with it its resources. These colonial countries are not democratic themselves and use various tools in their own society to keep their own citizens segregated on race, class and gender lines. There are certain post and positions that are untouchable and cannot be aspired by a person of certain race, sect and gender.

At present due to decades of colonial rule and Macauley education system we have forgotten the real relevance of Democracy and are only dividing ourselves as a society into religion and caste that British created, so that they could rule the fragmented Indian Society. Shudra, Brahmin etc is the verna system based on skills and occupation one Pursue, other are the ashrams these ashrams were divided for 25 years each with an average life span of 100 years.

Also, anyone who did not gain any knowledge/ skill was called Shudra, that is why when one started their learning journey at the point of zero, they were Shudra that is why according to British record of Pathshalas in India there were 70% Shudra & 20-30% Brahmin, because everyone started as Shudra but only few among them completed the study of Ved, Puran, Upanishad to become a Brahmin. If we compare this with today's times then Brahmin was like a P. HD degree that a person received after the completion of his entire education. There were no hierarchy in the verna system as presented in NCERT text books or propagated by the West Europe. It was in Europe that there was Caste divide and class system (King and clergy had top caste/class, then were nobles, after them came soldiers and traders and last workers and peasants) This caste divide of Europe was either wrongfully or purposefully used for verna system.

Indian Sanatan civilisation believed in four ashrams, they were Bhramacharya, then Grihastha, Vanaprastha & finally Sannyasa.... and it would depend on how you have lived your life in all four ashrams that you'll be able or not to attain Moksha, however here the bigger question is what is Moksha & another equally important question who decides who has attained Moksha?

About Rishi & Muni

When one completes their Grihastha ashram they start their next journey of Vanaprastha- stage of Rishis doing research about various aspect of life, it is during this time that the R

Rishis made various philosophical contribution and scientific discoveries like Bhagwatgerta, Ramayana, On Ayurveda, Vimana science, medical science (Charak) Surgery (Sushruta)

Next stage after Rishi is Muni, a stage where after making your precious contribution you feel liberated & achieve salvation.

However, for attaining that last stage of Moksha, it is advised and suggested that one must go through all the ashrams without skipping any, as shortcuts does not lead to Moksha, therefore, lord Shiv is considered Adiyogi or the first Yogi. The last stage is Sannyasa, taking back stage from active life of Grihastha that is too much involvement in family matters. During Sannyasa stage one tries to become aware of his carbon footprints and try to make positive contribution towards society selflessly. After your positive and precious contribution, you finally sit down to relax, reflect and Meditate....that is what true bliss is true liberation is...............

[7]

7

https://www.google.com/search?sca_esv=f65d9110a039878 6&sxsrf=AHTn8zqyfObexgoSbLCg1xWAEC5ro514FA:1743414 779974&q=Demon&udm=2&fbs=ABzOT_CWdhQLP1FcmU5B 0fn3xuWpA- dk4wpBWOGsoR7DG5zJBkzPWUS0OtApxR2914vrjk7XZXfnfKs aRZouQANLhmphNyg6d7jx9WIegRytfuMfNwBSLAX8WsvrJKa 122pJHULT0QMGk7davBushgHE- NJ8R4p9DV6GYGihF5A7HWiF02GLdfHfWuN_Ee3mbhYmzxvk tglrZPO0v8t1dJNtsIfjcKjBYw&sa=X&ved=2ahUKEwij_5- VhrSMAxXQzzgGHUe9L9AQtKgLegQIFBAB&biw=1517&bih=7 12&dpr=0.9#vhid=P_hrYJYvorBhBM&vssid=mosaic

Indian Media

Oh! Dear God, please save me from this media,
Its breaking news is breaking my head and causing Amnesia.

Whenever you turn on the television, you are forced to make a decision.
Is this shampoo better or should I change my whitening lotion?

Oh! media you have given us such important topics of life to ponder on,
The latest gossip in town of page 3 and the latest star power is on.
Their talk of the town BFF, mehendi, sangeet and wedding celebration,
Oh! I really wanted that whitening lotion!

In the name of freedom of speech and expression,
The staged scenes and their sensationalisation.
Oh! media and their, over the top, glaring judging, news anchors,
They are themselves not short of criminals or pranksters.

Hey! Watch out Mr. Cop where are you urinating,
For you no longer keep the title of 'Uniformed Rogue',

For now! it's media and its flashy news anchors in vogue,

So! Watch out Mr Cop, the vardi wala goon.

The title now belongs to the person with rolling camera flying high on seventh moon.

I really don't know which news to rely on or channel to tune on-to for listening,

As all of them, are singing the same old tune of wolf coming.

Oh! Dear God, please save me from this media,

Its breaking news is breaking my head and causing Amnesia.

Meaning: Through this poem I have tried to explain how media that is specifically western, English books T.V, Cinema, Theatre are a tool of Neo colonisation that depicts the pattern of Cancel culture and has been responsible for destruction of diversity & democracy around the world.

Police, Bureaucracy and Popular Media (Print media like Newspaper Books, Magazines, Radio and Television were the most important tool of colonizers that were created by Colonizers and were kept under a very strict control to spread certain message and concepts that were favourable and promoted the interest of Colonizers). With few exceptions here and there, only those people among Indians were picked for the Police and Bureaucracy by British those who were loyal and British Sycophants Over the years and after independence Police and Bureaucracy in India still function with the same mindset harassing the general public with rampant corruption. Also, due to the fact that the ideology of their Milords had not changed, it just changed hands from European to Bhoore Angrez (corrupt Politicians). Under such leadership of Corrupt Masters, it percolated down to corrupt police and Bureaucratic system. Police along with news reporters are very much aware and fully informed of the criminals, illegal immigrant settlements where they enter from, who are they? But all this information is for sell, and there are ready buyers (corrupt politicians) who use this information either for retaining and exerting muscle power or vote bank politics.

Media specially social media platforms like exert soft power they are the most dangerous weapon of psychological warfare of present times.

[8]

[9]

[8] https://www.google.com/search?q=spring
[9] https://www.google.com/search?q=spring+season

I love spring

I love spring when all birds sing.
It comes after winter when the sun shines brighter.
That brings about smiles and laughter.
All the flowers are in full bloom, pushing away sadness and gloom.
I feel like singing and dancing,
The birds on the trees are chirping,
Everyone's spirit is skyrocketing.
I love spring when all birds sing.
Everyone come out and about,
Don't sit inside the four walls and shades of grey,
Come out and enjoy GODs colourful spray.
Don't hide behind artificial smokescreen,
God's beautiful canvas is so pure and clean.
Don't complicate this Bliss,
Learn to be carefree around the mist.
Live life by simple rules,
Love, life, and laughter are the golden rules.
So, come on out and enjoy the GODs colourful spray.
Lose no time to cry over the spilled whey.
Time to lay down and daydream,
All the flowers are in full bloom, pushing away sadness and gloom.

Meaning: If one does not allow hinderances and negativity to enter their lifestyle or learn to stay away from negative people life will turn out to be like spring every day every minute. God created bounty for us with so much diversity and abundance. This beautiful and abundant bounty created by God is unmatched to artificial smokescreen like television, movies or social media whatever we see on is is mostly fake and one sided and its prolonged watching causes depression and headaches. Opposed to artificial smokescreen Nature's bounty created by God is available to all its children without discrimination free of cost. It is priceless and pure. Sunshine is available to everyone equally and so is water and air. Whenever, we are in lap of nature it automatically makes us elated, therefore it's important to go outdoors spending time with nature on daily basis developing hobby like cooking and gardening and cook at least one meal everyday rather than spending time more than an hour on social media. Equally important is to go on frequent trips short and long on a regular interval, to break the monotony of everyday chores, sometimes a quick short getaway and at times a long relaxing holiday. Visiting a new place and break in routine helps to bring new perspective to life. On a daily basis we accumulate too much clutter in our minds- that would most definitely cause us stress and ultimately it will impact our health badly, therefore it is important to let go of things by giving time most importantly to yourself-just being with wild nature- surrounding yourself with flowers, animals- just gazing at clouds floating by, or gazing night sky, with a dear friend helps release lot of stress. And if we are stress-free then we can lead a happy, peaceful and satisfying life.

My Motto in Life- Learn Unlearn, Relearn and Repeat- Over the years I have come to realise that Life could turn into a Beautiful Garden of Spring, if we make constant effort to cultivate and nurture it with positive thought. It is the positive thought that makes one Happy in Life and to lead a happy life it is important to unlearn certain concept that do not hold relevance for present times, after unlearning one need to coat themselves with fresh coat of learning. The cycle of learning, unlearning and relearning is continuous that needs to be repeated till we are alive and active. It is this cycle of learning and unlearning that will always keep our mind and heart young. When our Heart and Mind feel youthful and happy one can easily learn to evade negative thought and negative people from our surrounding – this is the true art of Attachment with Detachment.

When we live our life with vitality and vigour till the last breath only then we can leave our fragrance.........the fragrance of Righteousness, Compassion and Courage.........

Conclusion

Through the book I have tried to share my life approach that I have experienced throughout my 50 years of Journey in Bharat and abroad (living in Europe, Travelling to America, Africa, Middle East and South East Asia). My stay in Europe and travel around the world helped me gain valuable in-sight into life. It was like a 'Pandora Box' a 'Kaleidoscope' of life that infused in-sight into my life as a human being. My small life is just a dot in front of spectrum of life, soul, God and this wonderous creation. If I can bring a positive change in the life of even one virtuous soul through this book of mine, I will consider myself very fortunate.

The whole idea if 'Dharma' in Sanatan culture was to make an individual an evolve being with open mind, tolerant and accepting. Therefore, 'Sanatan Dharma' rejected rigidity as it believed each and every individual is a 'Divine Being' and greeted everyone with 'Namaste'- that means 'I bow down to the divinity in you'. It is due to this belief that various sects and religion like Jainism/ Buddhism/Sikhism flourished under the Umbrella of Sanatan Dharma as they either disagreed with some part of Sanatan Dharma. 'Jainism and Buddhism' rejected "Upnishad' therefore, were termed as 'Nastik' ideology and Sikhism that came much later made 'Guruvani'their sole guiding principal. Inherently if we look at them closely-there is hardly much difference in the core philosophy from 'Sanatan Dharma' in terms of understanding of 'Soul' that is considered eternal. Belief in four Ashram, Burning/Cremating the dead. The only difference all three have developed is the position of women-In all three Jainism/Buddhism and Sikhism God is seen as male figure and this belief just like Abrahamic religion put women at disadvantage and unequal position. This change in belief from wife being 'Ardhangani' which means adhaang or equal half of a body, who was worshipped as- Lakshmi-Parvati-Saraswati was now seen by few as 'lesser being' who is incapable of attaining "Moksha'- she was now understood to be confined to four walls, covering her head and taking care of house, old and children. This belief not only led to the downfall of the family unit as the entire burden of Finance and household chores got segregated with finance and outdoor work rested entirely on men. Resulting in various social evils in the society and ultimately the downfall of society with 'Snowball' effect.

In Buddhism there is also a concept of 'Polyandry' maybe an influence from epic 'Mahabharat' character – 'Panchali', but this does not exactly mean that women have more powerful position in Buddhism on the contrary being married to more than one male from same family usually brothers endures her to cater to both brothers if there are three then to all three, including the household chores and baring children from all two to three brothers and taking care of them. In Tibit, Leh-Ladakh, North East (with Buddhism as Prominent religion) 'Polyandry' was introduced due to scarcity of Fertile land and to keep the land within family. If brothers would marry different set of girls it would lead to division of land. Therefore, "Polyandry was a way to keep the family land intact. Polyandry and Polygamy both are evil practice and both are disrespectful to women and undermines them.

Jainism and Sikhism developed to reform and protect Sanatan Dharma (Jainism rose against the evil practice of Caste, blind rituals and idol worship) under Sikhism- a person is called a Sardar because a turban is not a mere cloth tied on head it depicts leadership quality of a person, who for protecting the honour of their women did not shy away from making supreme sacrifice. To protect women from barbaric attackers, young men grew long hair to disguise as women and to fight and kill the cruel barbaric tribe form west. Today, Sikh men keeping long hair and wearing turbans, is a constant reminder of their courage also of that dreadful time. We must all learn from our shared historical atrocities and remember that we must never allow such inhuman barbarity to attack our country again.

Buddhist basic principles are based on eight-fold path Right Understanding, Right Thought, Right Speech, Right Action, Right Livelihood, Right Effort, Right Mindfulness and Right Concentration. And in Jainism there are 5 vows ahiṃsā (non-violence), satya (truth), asteya (not stealing), brahmacharya (chastity), and aparigraha (non-possessiveness). What is the original source of eight-fold path of Buddhism and five vows of Jainism? Here let's try to understand Yog-sutra that is believed to be first codified by "Maharshi Patanjali", did the basic philosophy of Buddhism eight-fold path and five vows of Jainism originate form 'Ashtanga Yog ?-- The eight limbs of yoga are Yama (abstinences), niyama (observances), asana (yoga postures), pranayama (breath control), pratyahara (withdrawal of the senses), dharana (concentration), dhyana (meditation) and samadhi (absorption)." Haven't the five vows of Jainism have been directly taken from Yama the very first limb of "Ashtanga Yoga' Yamas or the five moral codes of Yoga- Ahimsa (non-violence), asteya (non-stealing), satya (truthfulness), aparigraha (non-possessiveness), and brahmacharya (celibacy or fidelity)

*<u>How MNC culture is destroying youth of our country</u>: In 1990s the government opened our country to foreign investment and MNC culture and under the previous governments small scale and cottage industries were destroyed due to red-tapism. Therefore, when giant US companies came to India in 1990s it killed the small business. Small scale and cottage industries could not offer any competition to these big giants' company. These companies offered lucrative jobs in India as well as abroad, that not only led to brain drain but also a set-back to cultural values and ethos as the team events/ trainings introduced the culture of off-shore and late-night parties with drinks and other intoxicating possibilities. Alcohol and intoxication were normalised. This MNC and Corporate culture has seeped into colleges and schools also, where youth and even school going children are getting under the influence of intoxication. All this is leading to a disease of WOKEism. Intoxication and wokeism is a new tool in the hands of colonizers for modern day slavery.

I believe that Mothers are equally to be blamed for present day twentieth century 'regressive and colonial mindset of boys'. I understand that most of our mothers had a difficult childhood as Bharat was relatively a raw nation after centuries of colonial rule, and their upbringing and education was from the same Macaulay educational institutions. But then educated or not so educated acted as 'Kakai' (Ram's Step Mother) for their daughters and daughter in laws and blindly supported their husband's regressive approach bringing up their sons with same regressive approach.

Solution- Towards Establishing Ram Rajya

To be able to establish Ram Rajya there are few important changes that we need to bring, first change is within ourselves. First and foremost, we have to reload ourselves from new thought, unlearn every concept that has been fed to us for generation and learn them from new perspective. We must become seekers and ask questions and not close our eyes to every little aspect that was wrong or was taught wrong.

- Becoming Vegetarian and leaving intoxication: In present times we see lot of people become so agitated and aggressive on slightest issue, they have lost control over themselves due to intoxication and behave in inhuman way similar to the inhumane foreign attackers. Europe, where Christianity was born and Arabia where Islam was born are both deserts, Europe a cold desert and Arabia a hot desert. It is difficult to find green pastures and vegetation in both these lands. Therefore, when these attackers, attacked other countries specially Africa and Indian Sub-continent, they not only forced people to convert to their faith, their tool also included to force people to non-vegetarian diet. A vegetarian diet believes in core philosophy of mutual respect towards nature and living beings, it is based on humility and compassion towards other living being. Even eating egg is considered non-vegetarian since, if you'll leave egg untouched from unnatural environment it is going to give birth to another living being in certain time. These attackers were hunters and gatherers for a long period of time and could not become civilised i.e. to become farmers and lead a settled life by growing and producing food due to hostile environment of that area. Therefore, when they attacked Bharat, the highly advanced and civilised subcontinent they used all tools available to convert the gullible people to their faith and beliefs as this would lead to less protest from them. I remember reading a comic strip during my childhood, where a story was woven around a Brahmin (a hard-core vegetarians) and a hunter (non-vegetarians and intoxicated) as to who was really a loyal bhakt of Shiva. Both prayed the same Shiv-lingam Brahmin in the morning and hunter late in the afternoon, with hunter making offering of his hunt and local intoxicated beverage to Shiva and Brahmin offered flowers and coconut. One day, Shiv-Lingam is depicted as bleeding eye, upon seeing this the Brahmin flees (modern media always depicts brahmin in bad light this propaganda continues in worst form even today) but the hunter upon seeing Lord Shiva with bleeding eye offers his own eyes. In yet another comic strip that I read during my childhood a story on 'Guru Nanak Devji' depicted Devji cooking non-vegetarian food, all these and various other tools were used to brainwash people and cajoling them to become non-vegetarians. Most of the vegetarians were cajoled into eating eggs first and then chicken. In Bengal with lot of drumming people were made to believe that Fish is vegetarian. Since, these attackers had shut down all the local ancient Hindu schools, it was difficult for majority of the uneducated Indian population to not give in to brainwashing and forced conversions. Attackers created fake stories and various other verbal and written content to dismantle our society. This psychological warfare against SANATAN culture is going on for more than hundred years.

- Reform in the Education System- People who do not want to implement NEP 2020 are the ones who have made education their business, or a corporate culture with the objective of making maximum profit at the cost of future generation. The destruction of the Gurukul and Pathshala system that was prevalent in each and every village before it was systematically destroyed by British Macauley system, led to the destruction of 'Bhartiya Sanatan ethos and also the destruction of culture and civilisation. Today's Education system that still follows the Macauley's Structure entraps the Students, Teachers and Parents in a Cob Web. It is turning most people into greedy, power-hungry slaves, losing their integrity and individuality due to years of rote learning, drumming, repetitive method of learning is rewarded in the form of marks and numbers, where creativity and independent outlook is crushed. For mental and physical growth and development it is important for children to sleep for nine to ten hours but the present system of education put immense pressure on growing children and youth due to which they are unable to sleep for more than six to seven hours, continuation of this rigorous routine causes too much stress on their mental and physical fitness that has adverse effect on their health.

- Role of MNC & Corporate Culture: Even though the MNCs provided the initial boom and push to the Indian economy in the form of availability of variety of products at competitive prices, at the same time we need to be very cautious, if we do not want to end up like slaves and workers of the West, we urgently need to restructure the present education model. In the Western countries, the school structure was created to suit the timings of factory workers along with taking care of their children while these workers worked in factories. The Industrial revolution of the west that needed workers from nine to five. The workers who would do the same kind of work at a fast pace without thinking, their children had to looked after so that the work force is available without interruption. The work force was lured with monetary gains, since west was still a developing society with loads of riches looted from African and Asian countries specifically Bharat. Common people flock these factories as workers and leaving their children at school. Since west especially North America and West Europe was a developing society in the seventeenth and the eighteenth century, school system and labour laws were at their teething stage. In India however, the factories and schools were set up after destroying the ancient small scale/ cottage industries and the ancient system of education. Indian industries were home based that meant a family could be involved in direct output from primary to finished product guided by market-oriented demand and supply. Work place was their own home, where individuals decided their work time and profit margins. And trade in India flourished in all areas -from textile to metalware, pottery, gems & jewellery and agro-products. Europeans came for spices is grave misinformation that was spread through NCERT textbooks. Indian textile trade was vibrant. India became Prosperous and very rich in the ancient time because trade and market were very personalised and were guided by free market style of demand and supply. It was based on 'Bottom Up' approach. As opposed to this the MNC Culture that India opened its door to in 1990s is based on 'Top Down' approach, where the top management dictates the demand and supply. Nexus is built and markets are manipulated. The factory worker has got a new flashy name of a blue-collar job'- where the worker is in a 'rat race' trying to outdo each other to reach the top- without realising that the top position is like a Mirage a bubble that is just waiting to bust. All the new recruit, join the bubble of rat race'- all the recruits are kept lured with late night outs, smoke, drink parties, offshore parties/teambuilding events and uneven paycheques. And to get at the top, it is expected to be part n parcel of this pub culture. Most of these MNCs in India are either US based or European, though these companies vouch for their work-life balance in US specially in Europe, the word 'work-life' balance gets tossed in thin air when it comes to the skilled workforce of India or other developing or under-developed countries.

Schools in India are also turning into MNC & corporate culture- where students are the finished product of a particular factory (Branded school). Solution to the MNC corporate culture would be 'Make in India' and "Start-up India' along with parents being involved with their children at every step, not relying on school and college degree completely, for real life education.

- Retirement? What is retirement, who brought this concept of retirement? We all know that the word retirement was introduced and brought by colonizers. The colonizers/ the Europeans or the Britishers in India introduced the concept of retirement as they wanted young energetic workers/bonded labourers/ slaves blue collar jobs of nine to five bracket, who could be exploited for maximum profit. After a certain age a person is not capable of doing fast pace job or rigorous labour, therefore they introduced the concept of forceful retirement. If someone hires someone for a job or work it's to get maximum output from that person. Therefore, the concept of retirement helped the employer to get rid of non-performing old age people. In this employer- worker relationship only thing that was valued was materialistic gains or profit. Contrary to the concept of retirement there are certain jobs that become better with life experience and age that does not require hard labour but mental ability, for example that of a teacher. Professor, researcher, policy maker. And since ancient Bhartiya culture was based on private small scale and cottage industry as opposed to big corporations and huge industries, these small-scale private entities worked as family unit that valued humanism. Owing to the nature and size of these small private entities their work culture and environment was quite flexible. But over the years due to stiff competitions from colonizers and unfavourable policies and conducive environment after independence led to the erosion of small-scale family units overtaken by employer- worker relationship where you are forced to retire at a certain age or one takes early retirement due to exhaustive and over the brim expectations. Answers to this is also going back to our roots of 'Sanatan Culture' – starting your own small scale family unit/business, where one can work according to their own capacity and capability for as long as one wants- 'Start -Up -India'. When one works with one own best capacity without the idea of retiring at a certain age, and 'Does Not' become dependent on external financial support either from their children or government. This non-retiring concept helps not only in the mental, financial and self-respect of a person but it also contributes immensely to the economic growth of a country.

- Parents Responsibility: Parents have the greatest responsibility towards their nation as it is their 'Product' (children) are the building blocks for future society. This planet and society are what they borrow from their future citizen. It will depend on the parents if they would leave this planet or society in debt for their children or as an asset for their children. This will entirely depend on how well they bring up their children. How much have parents been involved in their growing up years? How much have the parents invested in their children? Investment does NOT merely means paying tuition fee for the best education institution, but spending quality time with them on a daily basis. Grand Parents also must understand their responsibility towards their children and their grand-children, rather than just enjoying their retired life. Remembering their own challenges and difficulties of parenthood, grandparents must help their children with their experience without being super imposing. This will not only enhance their old age, the lives of their children and grand-children would alco become happy and wholesome ultimately contributing to a wholesome community. Parents must remember that after the age of fifty to sixty they must think about their 'Carbon Footprints', they must understand that whatever years they live after the age of fifty are the years they have borrowed from the future generation and must think about slowly giving back to the society what they had accumulated till their fifties at the same time not becoming like * 'Daanveer Karna'(Karna-Warrior form the epic 'Mahabharta' who for charity gave up his 'Kavach' (Protective layer that protects from enemies and thus lost his life). Charity begins from home; we can only contribute to the society when we are healthy mentally and physically. Therefore, we must first be capable of taking care of our basic needs and requirement only then we'll be in a position to contribute fruitfully and positively to the society.

- Citizens Responsibility: Keeping our surrounding clean our rivers clean, not to throw garbage even if it is pooja waste into the rivers. Doing away with unnecessary rituals-few years back there was a textile advertisement that drapes saree to a river from one bank of river to another, such misleading advertisement were encashed by fake 'pandits' who encouraged gullible people to include cloth/saree to their pooja ritual while praying to Ganga, Yamuna or any other river. And people agreeing to do so are not just poor and uneducated but a lot many have school and college degree, still they follow these rituals blindly without asking questions and make the rivers dirty in the name of blind faith and rituals because of staying away from core philosophy of Humanism taught through 'Ramcharitra manas and Bhagwat Geeta' most people of Bharat today are devoid of 'Common sense and civic sense'. Most behave like worst form of 'Ravan and Duryodhana' for monetary gains and selfish greed. The NCERT text books have dedicated chapters on Rights whereas responsibilities/duties are summed up in one or two paragraphs, due to this all the Indian citizens create too much noise about their rights forgetting that it is only after fulfilling their core responsibilities and duties as citizens that they could avail their rights.

The 'most civilized culture' which believed in 'Vasudeva-Kutumbhakam' which means the world is one family, you can treat everyone as a member of a family when you treat others as your own and respect them, this was the 'religion' that everyone followed - hence the Indians greet everyone with 'Namaste' (bowing with folded hands). They use it as a greeting, because they know that others have the same spirit as themselves. But the kindness and humility of the Indians were misused as their weakness. The oldest culture/ civilization endured verbal abuse, physical abuse, and all the available means by the colonizers, to distort, falsify, and destroy ancient texts and depictions of scriptures. These colonialists, both Christian and Islamist, specifically targeted and attacked 'women' because of the patriarchal societies of both these sects. They could not digest the supreme status and equality given to the women of this ancient civilization. It was unbelievable for them that how could the status of a woman be equal to that of a man? Therefore, these attackers were determined to destroy the status of women. These attackers raped women, gave them all kinds of mental torture and even in the present times, the attackers continue to portray women in a derogatory manner in print, visuals and films through their mass media. For the past three hundred to four hundred years, the continuous derogatory portrayal of women, these violent abuses and attacks that have stonewalled women's self-confidence have succeeded in hurting the soul of the women of this ancient civilization.

Ultimate Reality/ Objective of this male dominance is Shariya Law/ Taliban Rule devoid of Music, Art & Education (Sharda/ Saraswati) that removes the land from the path of prosperity (Lakshmi) & therefore No peace & Happiness. In a Society if Women are pushed to depression, where they are not respected only worshipped as statue, home breaks leading to segregation of society & Ultimately of a Nation!

Simple solution to all these modern day problem is revisiting our past, instead of dividing ourselves into sects and religion and believing that we will only read our religious text- Gurvani (Sikh) or Jinvani (Jains), everyone Jains, Sikhs, Buddhist and All Bhartiya' must sit with their parents each day for half an hour reading 'Ramcharitramanas and Bhagwat Geeta" This value based with high moral reading will definitely help change our perspective towards life and would help us become better individuals capable of making not only our country great but world at large. Ramcharitra Manas teaches us how our character should be- like a ray of light, pure, always in control of our senses, when there is no struggle or fight going on with in ourself (Ayodhya) our mind will be clear to take decisions. And how our decision-making should be is guided by "Bhagwat Geeta" it is a book were "Krishna- the Conscious mind is teaching "Arjuna'- the outer body made up of five elements (Panchmahabhoot) to focus on his rightful duty with diligence. Upon reading and understanding the deep wisdom of both these epics written by our sages we well truly understand the real purpose and goal of our lives that will not only help us to become better person, but this one person will have a deep impact on his/her family and the society and the world at large. Dusshera and Deepawali is celebrated by almost all religious sets that originated in India, Dusshera is usually preceded by about nine to ten days of fasting (Navratri, Ganeshchaurthi, Durga Pooja, Daslakshan). These days of fasting usually ends on Dashami that is celebrated as 'Victory of good over evil'. Ravan' is symbolic of all that is negative- and Ram is symbolic of all that is good, righteousness, pure and divine. Just like you keep your outer physical body clean by taking bath one has to clean their internal self-cleansing through fasting and meditation, when one keeps themselves and their surrounding clean only then they can truly feel light and elated. If we would really understand the symbolism behind Dusshera and Deepawali- an epiphany will dawn upon us – that life is a celebration like Deepawali each moment when we learn to fight ignorance and darkness.

Today as Bharat is going swiftly high up in economic progress surpassing Britain and various other European Nations, it is time we realise the importance of our Ancient Bhartiya Culture and understand the true essence of 'Dharma'. 'Dharm' is not a narrow concept of religion as translated by British and forwarded, followed by narrow minded people for their selfish gains. True essence of 'Dharma' helps individual to attain his highest self being makes him/ her 'Humble' and 'Humane' without being divisive. Dharma which is intertwined with ancient Indian science of 'Yoga' and meditation helps an individual to understand the core reality of oneness with another living being. The epiphany of 'Dharma' will not only elevate an individual but also the society and country at large. Though there is no doubt that enormous amount of good work is going on in all the religious mainstream be it Hinduism, Sikhism or Jainism. Everyone is aware of 'Langar' or community kitchen also the community medical facilities offered by Sikh community without any discrimination of caste or religion, most among Jains continues to follow propagate 'SANATAN' and Ayurvedic lifestyle, jain Muni are also helping to revive ancient Bhartiya heritage of cotton handloom and textile in states like Jharkhand and Madhya Pradesh, also the dairy production by desi breed cows specially the 'Gir cow', they are helping the local community to not only get hands on training but also helping these trained workers to set up their own units in the form of financial aid. All these are real positive contributions towards society, at the same time all religious head must meet together on a regular basis, realising their common single root and forgetting any difference whatsoever, for common dialogue on ways to further enhance the society in a common cultural and shared heritage thread. Along with this understanding the true relevance of 'Dharma' it is also important understand the power of two slogan- 'Batege toh Katege' (If we'll divide ourselves into caste and religion, we'll never see the rising Sun) and 'Ek hai toh Safe hai' meaning if we are together only then we can Rise and Shine. With mutual respect, humility and compassion for other living being comes true happiness, if we have this basic understanding it is only then we can say "RAM resides in our heart' only then we can create a true "RAM RAJYA OR HEVEN ON EARTH'

Life and environment are the greatest teacher of all. If one learns to live life with High Morals and Value there is no better addiction than Life itself. Life is like a journey, it can turn out to be a happy, beautiful and blissful experience like a celebration of each 365 days of the year, when we realise to take care of each other 365 days in a year, value each other's importance 365 days. We should not let our attackers ideology of marriage and divorce overtake our 'Bhartiya Sanskriti' where you marry a person for life, keep your promise of holding each other hand for life for whatever challenges life throws at you, remember you had held the hand of your partner & exchanged vows with your partner &

not with anybody else, learn to ignore those who in site you against your partner. Do not expect your partner to do what you cannot, learn to treat the other as equal being. If a person gets truly enlightened then that person can create 'Heven' for themselves and for others. A home can turn into a temple with mutual respect, courage and hard work of enlightened spirits, the same home can turn into a hell hole due to ego, jealousy, cruel behaviour and exploitation of others. If both partners are happy and respectful with each other at all times that is the key to happiness and prosperity and ultimately attainment of Moksha.

Oh Mankind! Be Awaken Be Enlightened!

Oh! Mankind! who is knowledgeable and who is ignorant?
Are relations binding you & keeping you in Chains?
One has come alone, and shall go alone!
One has come empty handed and will also go empty handed?
Will you ever understand the deep wisdom and meaning?
If you do, then what are you proud of & Who and what do you fear?
What are you so scared about?
Walk without fear, walk boldly
If You are a human being true to yourself.
Keep doing true deeds, keep progressing.
Follow the Righteous path.
Undoubtedly on such paths,
God is found to hand-hold you.
Are you seeking God in temple, Gurudwara or Church?
If you'll understand the deep meaning and wisdom, you will find God peeking from within!

Marriage between Man and a Woman and married couple having a child is a very important aspect for the sustenance of life as a human being. Human as social being cannot lead a lonely life, it leads to depression. To be able to have a happy blissful life an individual needs to have single partner for life. Each married couple goes through a cycle of Ramayana and Mahabhartha', if we read both these text and understand its deep wisdom, we'll be able to navigate through the 'Chakraview' or the circles of life.

Mrs Minakshi Jain

Principal CBSE school

PGT Political Science

M.Phil (JNU)

Mail ID : Principalm.jain@gmail.com,

m.jainpgtpolsc@gmail.com